U0691562

多维视域下
地方治理法治化与创新研究

徐双军　著

中国出版集团

中译出版社

图书在版编目（CIP）数据

多维视域下地方治理法治化与创新研究 / 徐双军著
. — 北京：中译出版社，2020.12（2023.3重印）
ISBN 978-7-5001-6479-1

Ⅰ.①多… Ⅱ.①徐… Ⅲ.①地方法规 – 研究 – 中国
Ⅳ.①D927

中国版本图书馆CIP数据核字(2020)第244353号

出版发行 / 中译出版社
地　　址 / 北京市西城区车公庄大街甲4号物华大厦六层
电　　话 /（010）68359303，68359827（发行部），68358224（编辑部）
邮　　编 / 100044
传　　真 /（010）68357870
电子邮箱 / book@ctph.com.cn
网　　址 / http://www.ctph.com.cn

总 策 划 / 张高里
策划编辑 / 范　伟
责任编辑 / 范　伟　张孟桥
封面设计 / 北京育林华夏

排　　版 / 北京竹叶图文有限公司
印　　刷 / 三河市海新印务有限公司
经　　销 / 新华书店

规　　格 / 710mm×1000mm　1/16
印　　张 / 9.5
字　　数 / 114千
版　　次 / 2020年12月第一版
印　　次 / 2023年3月第二次

ISBN 978-7-5001-6479-1　　　定价：42.00元

前言 PREFACE

　　相对于广义的"法治"议题,"地方法治"只能算是其中一个相对崭新的领域。近年来,"地方法治"议题引起了越来越多的关注,人们不仅对地方法治的概念进行了辨析与厘定,而且深入论证了地方法治的可能性,探索了地方法治作为地方参与国家建设方式的重要作用。这些研究都为地方法治研究的推进奠定了基础。

　　在建设法治国家的大潮中,地方法治的理论研究和实践探索正如火如荼、方兴未艾,这是一种现实,也是一种必然。这一现象的背后,蕴含着深厚的根基。其一,法治是人类社会的一种普世性价值,也是一种各地法治实践探索和日趋完善的地方性知识。作为地方性知识,法治需要地方性实践的滋养和验证。地方法治实践实际上是法治建设的主战场和主阵地。探索地方法治,实际上就是探索法治的真谛。其二,法治是学术理论与社会实践共同关注的话题和领域。法治不只是理念,更是活生生的现实,是要扎根社会生活的实践。法治不能仅仅停留于口号和文件,不能凭空而建,而要落实于行动与实践。因此,法治建设的推进不仅需要理论上的深钻细研,更需要实践中的点滴耕耘。在基层、在地方有更加生动、更加鲜活的法治实践。其三,对于国家而言,法治是分层呈现的。法治不仅仅要有中央层面的顶层设计,更需要有扎根基层的精耕细作。国家权力是分层设立和实施的,尽管从中央到地方的每一个层级都有着共同的为人民服务和践行社会主义法治的宗旨,但是每一层级又有着自身任务,都需要在自身职权范围内落实法治。一个国家整体的法治水平与地方法治实践息息相关，没有地方法治作为基础和支撑的国家法治是不可想象的。

法治乃是一份众志成城的事业。探索地方法治的理念以及地方立法、执法和地方司法的鲜活实践，实是为法治建设注入新活力的一种努力。为地方法治添薪助燃，也就是为法治鼓与呼，值得期许。为此，作者在总结梳理前人相关研究的基础上，编写了《多维视域下地方治理法治化与创新研究》一书。本书共分为四章，从梳理地方法治的内涵、地方法治先行的价值及我国地方治理法治化的现状入手，进而从地方立法、地方政府权力清单制度及地方法治评估指标体系角度，分析了其发展现状、存在的问题，并提出了具体的对策，力求为我国法治建设的发展和改革提供一些有价值的思考。

本书在写作过程中参考引用了许多国内外专家、学者的研究成果，在此表示衷心的感谢！尽管本书的作者本着严谨的治学态度和高度的工作热情编写本书，但书中仍可能存在某些不足，敬请广大读者批评指正。

作　者

目 录 CONTENTS

第一章
地方治理法治化概述

第一节　地方法治的内涵

一、法治

要了解地方法治的内涵，就要从分析法治的内涵开始。早在2000多年前，人们就已经认识到了法治与人治的关系，古希腊先哲亚里士多德对法治的内涵给出了经典且影响深远的解释，"法治应当包括两重含义：已成立的法律获得普遍的服从，而大家所服从的法律又应该本身是制定得良好的法律"。法治是一个国家统治的工具，是国家的一种与人治相对应的治理方式，具有强制性、权威性，是最基本的准则，涉及国家政治、经济、文化和社会生活的各个方面的事务。

二、地方法治

（一）地方法治的内涵

目前，对于地方法治的概念界定主要有以下两种形式：其一，从法律规范的制定和实施来限定，"地方法治是指各地为实现依法治国和建设社会主义法治国家的总体目标，具体贯彻落实依法治国方略，执行国家法律，并在法定权限内创设与实施地方性法律规范的法治实践活动和达到的法治状态"。其二，从权力和权利规制来限定，地方法治是指在国家实现法治的大框架下，各种权力得到限制和制约，各种权利得到确认和保护，各个地方以良法来治理地方和管理社会的一种和谐、理想的状态。但有些学者认为："'地方法治'这样的提法是'法治的行政区划化'，会动摇法治的宪法基础，产生错误的法治观念，进而破坏法制的完整性和统一性，甚至另造法治的单元体，形成法治的'地方割据'。"其主要理论依据是："单一制国家进行法治实践，其最根本要求是全国统一，我国也应当在统一的法治环境下进行国家法治实践。"他们认为完全可以表述为"法治下的地方法治化"，地方法治活动主要是地方立法、地方行政，不包括司法的地方法治化。但本书认为，"否定说"对于地方法治概念的采用会产生的弊害分析对支持"地方法治"相关理论的提出也颇具指导意义。原因是"地方法治"可以从两个维度进行把握：时间维度上，其领先于依法治国方略的落实和国家法律的执行；空间纬度上，其是在法治统一原则的前提下，开展地方法治实践。我们也可以从两个基准来理解"地方法治"的内涵：一是坚持法治统一原则的地方法治实际上与"法治下的地方法制化"并无根本冲突。二是坚持地方管理地方事务、解决地方特殊问题的原则，对"地方"进行界定。依法、科学、合理的解决地方实际问题是检验地方立法的根本标准。地方法治实践是相对国家法治建设而言的，《中华人民共和国宪法》（以下简称《宪法》）《中华人民共和国立法法》（以下简称《立法法》）关于中央与地方立法权的划分，实际上就是中央与各省、市立法权的划分，各省、市为单位的地方法治实践由此取得了相对独立的地位。有人认为立法权在省级权力监督下的地级市是地方法治实践的组成部分，不能认为是"地方法治"，因此不能有"法治南昌""法治遵义"的提法。本书认为，1986年，全国人民代表大会对《中华人民共和国地方各级人民代表大会和地方各级人民政府组织法》（以下简称《地方组织法》）作了进一步修改，赋予省级人民政府所在地城市和经国务院批准的较大市的人民代表大会及其常务委员会制定地方性法规的权力，即较大的市享有了立法权，则较大的市拥有了与省级地方立法权相对应的地方法治地位。当然，《宪法》《立法法》《地方组织法》等法律没有赋予其地方立法权的市和县以下的地方，则不适宜用"地方法治"的概念。

无论是和传统的法治理念还是发展状态下的现代法治内涵去对比，"地方法治"这一话语词的提出并没有什么不妥的地方、不符合要求的情形，法治最根本的、最基础的内涵是依照法律处理事务，国家依法而治的动态形式，而地方法治则是依法治理的具体表现形式。我国幅员辽阔、历史传统影响深远，各地实际情况千差万别，各自具有不同的优劣势，表现在社会治理与发展上也是各有特色，作为其中一部分的法治实践也必然会将这些特殊具体展现出来。当然，地方法治不会违反法治规律，更不会与法治国家建设背道而驰出现法治行政区划化，而是充分考虑各地实际情况、兼容各地的特殊性，使依法治国方略具体化与实践化，使法治国家建设实际化与特色化。正是由于国家层面的大一统，而地方发展的参差不齐，中国法治发展呈现出一般性、普通性、稳步发展的同时又表现出具体性、特殊性、发展不平衡的特征，而地方法治则有效地统一了法治实践中的一般与具体、普通与特殊、整齐与不平衡等矛盾对立面。也正是由于法治实践过程中存在诸多的具体表现、特别情形及客观存在的发展不平衡，地方法治的提出与实践才会成为必然。我国各个地方的法治实践是在坚持党的领导下，在严格遵守宪法原则的基础上，将依法治国方略具体落实到地方事务的各个领域中，所以地方法治的提出与开展不会对我国法治统一性构成威胁，也更不会形成"地方割据"。反而，其会促进国家法治建设、增加国家法治建设目标的实践性、可行性与针对性，更有利于法治国家目标的实现。

综上所述，本书认为，地方法治是指各地方（省、自治区、直辖市、享有立法权的较大的市）为落实依法治国方略，实现建设社会主义法治国家的总体目标，执行法律，并在法定权限内创制与实施地方性法律规范的法治建设实践活动的总和。

（二）地方法治的标准

地方法治实践在依法治国和建设社会主义法治国家的大前提下，如火如荼进行着。但是，相关理论和标准都略显滞后，理论界和实务界在不断地探索一种科学的、普遍的、定量的方法来判断地方法治实践情况。对法治本身缺乏一种共识性的确认，这不与各国共存、友好发展相矛盾，也不与各地方齐头并进、共创繁荣相违背。随着社会的发展和时代的变迁，法治的认识定性呈现动态的衡量也是发展的一部分，但这并不阻碍社会对法治或作为法治内涵的地方法治的标准构建。中国的"法治三老"之一的李步云先生提出过"法治"的十条标准。本书认为地方法治基于法治的题中之义也应当符合以下标准：一是法制完备，二是主权在民，三是人权保障，四是权力制衡，五是法律平等，六是法律至上，七是依法行政，八是司法独立，九是程序正当，十是政党守法。

当然，地方法治的标准细化开来可分为以下几个方面：一是地方法治具有整体性。地方法治就是整个国家法治里的小部分，相当于一个母系统里的各个子系统，为了避免各个子系统局限于自身所辖领域内的法治建设，各个子系统应当既分工又配合协调。虽然我国港澳台地区实行不同于其他地方的法治形式，但我国的国家结构形式是单一制，各地的法治实践并不能挑战法治的统一性。因此，其整体性要求各地不违反宪法原则，不违反政治纪律，防止地方割据损害国家主权的情形出现。二是地方法治具有地方性。"地方法治在坚持整体性原则的前提下，应当充分发挥地方的优势，体现地方特色。实行中央集权和地方适度分权相结合的纵向权力关系模式，已经成为国际趋势。"充分考虑两点：第一点是我国政治、经济、文化、地理等方面比较复杂，应当避免"一刀切"的情形，充分允许地方有区别地逐步推进，最终实现国家总体法治目标；第二点是不可否认从上至下的法治推动模式符合我国国情，但在我国特色社会主义法律体系已经形成的基础上，一定程度地从下至上的法治推动模式也是有利于提高法律实施效果的。三是地方法治具有民主性。地方法治要推进民主，就要培育人们的民主意识，提高权利观念，监督行政行为，完善救济途径，保障权益。经过地方民主的发展与进步，各地实际推行，形成自下而上的推动力量，进而影响或推进国家民主的发展。四是地方法治具有目标性。法治实践需要有目标、有步骤地进行，需要明确不同阶段、不同时期的不同目标。将法治原则落到实处，将各地方的问题法治化解决正是地方法治的目标。五是地方法治具有关联性。主要表现为以下几个方面：地方法治与整个国家法治的关联、地方法治与地方事务的各个领域、各个层面的关联、地方法治与其他地方的关联、地方法治与地方公民的关联。六是地方法治具有理念性。法治就是不断追求和树立法治理念的过程，地方法治不能没有法治理念。任何法律均包含精神层面的理念部分与实践层面的制度设计两个方面。七是地方法治具有实践性。法治具有理念层面的内容，也有实践层面的性质，法治理念需要通过法治实践的具体落实才能体现其应有价值，而充分的法治实践又反过来影响法治理念的形成，且地方法治实践是推进整个法治，达到整体法治效果的重要环节。

（三）地方法治的根据

我国现行《宪法》第五条规定的主要内容是："中华人民共和国实行依法治国，建设社会主义法治国家……"并且修改后的《立法法》《地方组织法》赋予了地方立法权和管理事务的权利。"法治湖南""法治江苏""法治浙江"等地方的实践也证明了地方法治的客观存在。同时，提出地方法治并进行研究，进而推广实践，与否定说学者提出的"法治下的地方法制化"并无根本性矛盾冲突存在。相反，否定说学者提出"法治下的地方法制化"是对实践的概括，证明地方法治实践的事实确实存在。

因此，地方法治的提出和开展，并不会产生否定说学者所列举的弊害：一是没有任何一个实行地方法治的地方会违反本已存在的相关约束和规定，更不会去改变《宪法》早已创设的中央和地方权力的分配模式。二是开展地方法治实践不会破坏法律体系的统一性和完整性，更不会另立一个法治单元体，因为《立法法》及相关法律已经明确了地方立法权限。三是不会导致错位的法治观念，各地方法治实践是以国家法治建设为前提的，其基本内容也是以国家法治建设内容为基础的。四是绝不会走向所谓的法治"地方割据"，地方法治实践的活动是在法治统一这一个根本性原则下进行的，地方法治不会软化宪法基础和宪法的落实，更不可能去创制宪法性文件，只会进一步夯实宪法基础和强化宪法原则。法治城市概念的提出与法治地方具有相同法理基础，同时地方法治与城市法治又有相同原理。因此，地方法治的提出与实践是值得肯定的。

（四）地方法治的特征

1. 整体性

地方法治是在国家法治的整体前提下进行的，它是社会主义法治建设的有机组成部分，要在国家法治的前提下进行系统性建设。国家作为一个整体，包括了若干子系统，各个系统相互联系，有机组成，不可分割。因此，各个子系统互相分工又须相互协调，但地方法治作为其子系统，因其自身角色局限性须以国家法治为整体，防止国家法治分裂。

2. 地方性

地方法治具有地方性，地方法治要发挥地方的优势就必须要根据地方特色进行法治建设。地方法治是中央与地方职责权限法治过程中的必经过程，要做到中央集权与地方分权相结合。由于地方历史、政治、经济、社会等各个方面的不平衡与差异性，要求建设法治国家过程中不能千篇一律，要允许地方法治具体问题具体分析，地方的差异性应允许地方根据特色进行法治建设，其具有地方性。

3. 民主性

法治建设要以民主为前提，地方法治建设要遵循法治精神，要推进民主，增强人们的民主意识、权利意识，地方法治要维护人们的合法权益，实现地方民主化、制度化、科学化。

4. 目标性

法治建设需要有一个发展过程，法治国家的建成需要循序渐进、有目的的进行。地方法治要在国家法治的宏观指导下，根据地方情况，在不同时期、不同阶段，克服障碍明确目标，推动地方法治建设，有步骤的实践，从而推动国家法治。

5. 实践性

地方法治具有实践性。地方法治作为理论，它必须要在实践中来具体检验自身的正确性。任何一种理论既是理论的。也是实践的，地方法治也不例外。地方法治是国家法治实现的一种模式。法治本身就是治理国家的一种模式，是治理经验的积累，具有很强的理论性。从另一个角度来看，地方法治作为治理国家的一种模式，它涵括立法、行政、司法等各个方面的内容，地方法治只有在实践中才能得到检验，检验其是否偏离国家法治的基本精神和原则。将国家法治量化、具体化，才能不断地改善、提升地方法治水平，推动国家法治的进程，实现社会主义法治国家的宏伟目标。

第二节　地方法治先行概述

"地方法治先行"是指国家一级地方行政区域，在国家法治统一原则的指导下，根据地方的具体特色，先行推进地方区域法治化，如长三角地区的法治先行、湖南地区的法治先行等。

一、从法律与经济的关系看先行法治化的必然性

（一）马克思的法律与经济关系思想

在马克思历史唯物主义法律思想体系中，经济现象与法律现象之间有着密不可分、互动发展的辩证逻辑关系，经济与法律的关系应从以下两个方面展开。

1. 经济基础决定法律上层建筑

在经济视野下研究法律，法律则是经济发展的产物，法律现象是经济现象的外在表现形式。经济基础决定上层建筑，有什么样的经济条件就需要有与之相对应的基本制度，这是社会发展的基本规律。任何事物的发展变化都不是孤立的，整个世界是普遍联系的统一整体，法律的发展源于社会生产力的发展，法治的进步也源于物质生活条件的进步。法律是统治阶级意志的集中体现，是统治阶级治理国家的重要工具，它作

为上层建筑的重要组成部分，本身的发展变化当然由经济基础决定。在马克思看来，一定的物质经济条件是客观存在，它不以人的意志为转移；法律必须反映这一客观存在的要求，而不能背离或脱离经济条件。"社会不是以法律为基础的。那是法学家们虚无缥缈的臆想。相反地，法律应该以社会发展的具体情况为基础。法律应该是社会共同的、由一定物质生产方式所产生的利益和需要的表现，而不是单个的个人恣意横行。"因此，法律必然是以一定的社会物质条件作为前提的。经济发达的长三角地区，其开放时间长，独特的历史、地理、人文、政策等各方面的因素推动了地方经济的发展，且经济发展迅速，明显高于全国统一水平，这也就决定了全国统一的法治标准不能满足本地区经济发展的需要。因此，这就要求地方法治先行以满足物质先发的需求。

2. 法律对于经济的反作用

在法律视野下来研究经济，社会主义市场经济具有法治性，经济是反映法律理念、内容的经济，是属于客观的物质存在。法律则属于社会治理制度，也是上层建筑的重要组成部分。马克思主义哲学辩证唯物主义的观点认为，上层建筑反作用于经济基础，在这个角度来看，法律的发展又会反作用于经济，经济本身需要法律来为其消除障碍，经济与法律的互动推动了经济的发展。正如恩格斯所说，经济因素并不是社会发展唯一的和全部的因素。上层建筑的各个部分（包括法律和制度），与经济基础相互作用，并且在一定的限度内可以更改经济基础。因此，在法律视野下来看经济现象，社会主义市场经济就是法治经济，法律属于制度层面，是上层建筑的一部分。在马克思主义哲学角度来看属于意识，经济属于物质的组成部分，法律是规范人的行为的准则，法律本身具有指导性、规范性等社会作用，法律影响人的主观世界，规范人们的行为，从而反作用于客观世界。在这个角度来看，法律反作用于经济。纵观世界发展大势，法律在人类文明发展过程中做出了巨大的贡献，法律本身也是衡量一个国家发展水平的重要指标。和平与发展已成为当今世界的主题，在经济全球化与区域一体化的发展潮流中，法律既保障地区的和平稳定，又推动地区的经济发展。作为发展中国家的中国，虽然经过四十多年的改革开放，社会生产力得到了极大地发展，但由于人口基数大，社会发展和区域发展的不平衡，以及经济衍生出的许多问题，这都需要法律为其保障，建立健全与社会主义市场经济相适应的法律制度。因此，在现代化进程中，国家经济的发展需要良好的法律制度为其保驾护航，无论是从整体还是从局部来看，只有在经济视野下构建出符合国情、地情的法律发展模式，才能实现法治国家、法治社会。

综上所述，在社会主义法治发展过程中，应当在综合分析国家与地方发展过程中的经济条件与法律条件的基础上，结合具体的实际情况，探索和构建出属于自己的良法，达到良法善治的稳定状态，以实现法律与经济的良性互动，从而实现社会的和谐、稳定。

（二）经济与法律的互动关系决定了先行法治化的必然性

1. 经济发展决定了地方法治先行的必然性

法治是社会发展到一定阶段的产物，在某种程度上是一个国家政治、经济、文化等的集中体现。社会主义既是市场经济也是法治经济。也就是说，我国法治的经济基础是社会主义市场经济，经济基础决定着法治的发展程度，在客观上也就会制约着我国社会主义法治化的进程。

法治本身要本土化，要适应国家的具体发展的实际情况，并且要保持稳定的适应状态，地区的经济发展水平对法治发展的程度就要提出要求。经济发达地区，如长三角地区要求改善落后的法治机制，以解决经济日益发展与人民基本需求的矛盾；经济欠发达地区，如湖南地区，也需要法治先行，建立健全法律制度，来满足落后的物质文化的矛盾，改善当地经济发展落后的面貌，这为地方法治先行提供了基本的支撑和动力。

2. 法律对于经济的反作用原理表明地方法治先行具有重大意义

改革开放以来，随着地方经济的飞速发展，在角色定位的过程中，法治本身就已经开始转变，不单只是为经济发展提供一个安全、稳定和良好的氛围。法治本身已经成为经济发展的重要力量，已经成为经济发展的一部分。它是经济增长的内在因素，在社会主义市场经济发展过程中发挥着无可替代的重要作用。

首先，地方法治先行有利于为其地方经济发展营造良好的外部环境。自工业革命以来，从现代经济发展的历程可以看出，良好的外部环境对经济的发展有着至关重要的作用。在物质条件发展的同时，社会的其他综合条件也得到了巨大的发展，如政治、文化等。一是其改善了人们生活的硬设施，与此同时，这就要求软设施要与之相适应。紧随时代的步伐，在当今国与国竞争日趋激烈的大环境下，软设施也就日益成为经济发展的关键因素。法治本身就属于社会软设施的重要组成部分，是确保经济发展的重要要件。在地方法治先行的过程中，发挥法律的引导、评价、规范等社会作用，人人将法律作为行为规范的基本准则，内心拥有对法治的虔诚信仰，这样就可以有效地预防和解决社会矛盾，从而能够最大程度的为区域经济的发展提供安定有序的环境，实现经济与社会的良性发展。二是法律本身具有规范、指引、评价的作用，地方法治先行的过程中可以使经济预期的发展有具有国家强制性的法律予以保障。三是其规范了来自体制内和体制外因素的干扰。无论是公权力代表的政府，还是民间的力量都必须严格遵守法治的具体规定，这样本身就是一种经济行为，它减少了不必要的成本，本身的高效就推动了经济的发展。同时，它所提供的公正、合理的市场氛围，也推动了市场交易的发展，优化资源配置，繁荣了市场经济。

其次，地方法治先行为区域经济发展提供制度基础。在市场经济增长中，影响经济增长的因素会有很多，一个国家或地方所设计出的制度就是一个十分重要的生产因素。世间的事物都不是完美的，自身都存在着缺陷和局限性，经济体制也不例外，市场经济本身存在着自发性、盲目性的缺陷，历史已经证明单纯的只依靠"无形的手"来进行经济建设，会引发许多问题，例如，产品质量问题，诚信的缺失，恶性竞争、效率低下等，最终会导致市场的混乱，阻碍经济的发展。这就要求政府的宏观调控，其介入方式主要是依靠制度加以规范。所以制度经济学派认为，主导经济增长的是制度因素而不是技术性因素，这就要综合分析和研究影响经济发展的非经济因素，特别是强调法律因素的特殊作用。在一个国家实现经济现代化的过程中，"法治和市场可以看成是两个平行的轨道，任何一方的滞后将使现代化之旅只是单一的轨道"。因此，地方要想实现本地区经济的飞速发展，就必须以良好的法律制度作为基础。一个好的制度，从制度本身来看就是经济的一部分。从制度的外部影响来看，制定良好的制度，是在综合分析本地区的具体实际情况的基础上制定的，并且在本地区能够得到良好的认同，让市场主体的地位合法化，并对市场主体合法行为予以保护，对市场活动过程中的不法行为给予坚决的打击，有效的遏制不正当竞争，维护交易的安全，为市场经济的发展提供一个安全、稳定的氛围，从而推动社会主义市场经济的良性发展。从地方法治先行的发展历程来看，其实质就是在探寻好的法律制度，地方法治先行通过建立良好的法律制度，制度本身的预防、保护、激发、监督职能可以充分调动市场主体的积极性、创造性，犹如大厦之基一样奠定经济腾飞的基础。

最后，地方法治先行有利于实现政府行政管理体制创新。纵观近现代市场经济发展的历史可以看出，政府和市场二者之间的关系，一直贯穿着经济发展的始终。因此，在中国要想实现地方经济的发展，就必须要解决政府和市场这对经济发展的内部矛盾。正确处理二者的关系，政府与市场要做到有机结合，政府的干预要适度，否则过犹不及，要与自身的承载力相适应，以推动市场经济发展、优化资源配置为基本目标，以此来推动市场经济活动过程的法治化，交易的安全与高效，全方位提升本地区经济发展的实力。因此，地方政府法治先行已成为地方市场经济发展的必然选择，从政府角度来看，要想与当地的经济发展相适应，就必须进行整治体制改革，转变政府发展的职能和理念，创新政府行政管理制度已势在必行。

二、法治的渐进性决定地方法治先行的必然性

（一）法治的渐进性特征阐述

就法治本身而言，它是政治、经济和社会发展到一定阶段的产物。静态意义上的法治，是一种与社会发展相适应且超前于社会经济形态的

理念，抑或是社会发展到一定程度的一种稳定有序的良好状态。动态意义上的法治，就是法治实现的过程，主要是通过法的制定、法的实施、法的监督等实现的过程。法的制定保证了有法可依；法的实施使法作为一种统治工具应用于社会的各个方面；法的监督是检验法的好坏的有效手段，监督和制约权力，完善法治的过程。法治化的过程本身就是渐进的，我国社会主义法治国家的建成亦是如此。

1. 市场经济的渐进性发展决定了法治的渐进性

世间万物的发展都有其自身发展的规律。纵观人类社会的发展，社会生产力的发展是经济层面的发展推动了社会各个方面的发展。人类社会所经历的五种意识形态中，每一次的社会变革，都推动了生产力的发展，使人类进入崭新的社会。由此可以看出，经济的发展是与人类社会相对应的，经济本身的发展就具有渐进性。当今世界市场经济是经济存在的主要表现形式，市场经济为人类积累了无尽的财富。市场并不是万能的，因为其自身的渐进性和发展的缺陷，引发了许多比较棘手的社会问题，这时法治的作用就凸显了。市场经济需要法治为其提供良好的外部环境，但由于市场经济的渐进性，也就决定了法治的渐进与之相适应。此外，后现代法学认为，法律是一种地方性知识。从经济视野来看，综合分析当前中国地方具体情况，地方经济的当前法律在地方实施的支撑千差万别。因此，在这个层面上，法律本身具有明显的地方性，可以看成是地方性知识。这归根到底是因为当前中国经济发展的地域性差异所造成的。

2. 法治化进程中的非经济因素的干扰

法治本身作为治理社会的统治工具，它包含了社会生活的各个方面，涵盖了政治、经济、文化等方面，经济性因素对法治的发展有根本的影响，世界是普遍联系的，在法治化进程中，其他的非政治因素也有着十分重要的影响，例如，民主政治、思想文化等。

第一，从民主政治的视野来看，我国正处于社会转型期，虽然改革开放促进了经济的快速发展，但是政治体制改革却没有跟上其步伐，这就造成政治体制与经济发展脱节的局面。同时，人民的权利意识、法律意识淡薄，民主的觉悟不够，不能对政府的行政行为形成有效的监督，司法行政化，影响了司法的权威性和公正性。这些因素都严重影响着法治的发展，然而改变这些问题又不是一朝一夕的，这也证明了法治发展的渐进性。

第二，从思想文化层面来看，法治的实现必须有对法治的基本信仰，即人们内心深处对法治的强烈认同，这是法治实现最根本的东西。当一个民主的人内心充满对法治的无比虔诚的信仰时，那离法治化的实现也就不再遥远了，它是法律实施的内在的驱动力。两千多年的封建专制思想，还在侵蚀着人们的心灵。这些因素需要长期的法治文化的积淀、法律信仰的培养，也需要系统广泛的法治教育，而教育的推进本身就是长期的，这些因素都制约着法治的发展。

（二）法治的渐进性决定了地方法治先行的必要性

综上所言，法治的发展具有渐进性，从我国目前的发展来看，整体经济发展迅速，但政治、经济、文化与之不适应，地方经济发展的区域性明显，社会转型期矛盾错综复杂，这对法治建设来说既是机遇，同时也是严峻的考验，在全国范围内实现总体的法治的条件还不成熟，短期内更不可能达到法治的理想状态。正如龙宗智所说，"由于客观条件的限制，从法治发展程度来看，处于后工业化时代转型期的我国的法治仍为低层次的法治"。因此，在尊重客观事实的基础上，只能"以相对合理主义的方式推动法治建设"，这就需要地方法治先行。

三、地方发展的需要决定了法治先行的现实性

无论是经济发达地区还是经济欠发达地区，自身发展的现实迫切需要决定了法治先行的现实性。如长三角地区市场经济发达程度已达到了中等发达国家水平，在该地区有着开放的社会和文化环境，民众的整体文化素质较高，其民主和法律意识高于其他地区，因此，该地区则造就了成熟的先行条件。在经济欠发达的湖南地区，由于经济发展落后，穷则思变，而经济的发展除了制度以外，必须有法律作为保障，为发展本地区落后的经济，则在现实中也迫切需要本地区的法治先行，以促进本区域的发展，解决现实中出现的各种矛盾，如行政垄断、环境污染、政府职能错位、人民利益受侵犯、地方保护主义、司法的不公平、不公正的现象等。

第三节　我国地方治理法治化的发展现状

一、法治与国家治理的内在关系

依法治国是党领导人民治理国家的基本方式，全面依法治国是国家治理的一场深刻革命，是中国特色社会主义的本质要求和重要保障。依法治国是实现国家治理体系和治理能力现代化的必然要求，事关我党执政兴国，人民幸福安康，党和国家长治久安。要全面建成小康社会，实现中华民族伟大复兴的中国梦，全面深化改革，完善和发展中国特色社会主义制度，提高党的执政能力和执政水平，必须全面推进依法治国。

长期以来，特别是党的十一届三中全会以来，中国共产党深刻总结我国社会主义法治建设的成功经验和深刻教训，提出为了保障人民民主，必须加强法治，必须使民主制度化、法律化，把依法治国确定为党领导人民治理国家的基本方略，把依法执政确定为党治国理政的基本方式。尤其是党的十八大以来，十八届四中全会在我党历史上第一次以"依法治国"为主题并出台《中共中央关于全面推进依法治国若干重大问题的决定》，确立了建设中国特色社会主义法治体系、建设社会主义法治国家的总目标，形成了坚持中国共产党的领导、坚持人民主体地位、坚持法律面前人人平等、坚持依法治国和以德治国相结合、坚持从中国实际出发等重要原则。这些也都是中国特色社会主义法治建设的历史规律和宝贵经验。

党的十八大以来，统筹推进"五位一体"总体布局、协调推进"四个全面"战略布局，"十二五"规划胜利完成，"十三五"规划顺利实施，党和国家事业全面开创新局面。在全面依法治国上，经过长期不懈努力，中国特色社会主义法律体系已经形成，法治政府建设稳步推进，司法体制不断完善，全社会法治观念明显增强，中国特色社会主义法治取得历史性成就。

党的十九大作出了"中国特色社会主义进入新时代"的重大判断，并指出我国社会主要矛盾已经转化为人民日益增长的美好生活需要和不平衡不充分的发展之间的矛盾。在稳定解决十几亿人的温饱，全面建成小康社会之后，人民美好生活需要日益广泛，不仅对物质文化生活提出了更高要求，而且在民主、法治、公平、正义、安全、环境等方面提出了日益增长的要求。这些方面的每一项进步，都需要法治建设协同跟进，都需要依法治国予以保障。

中国特色社会主义建设进入新时代，面临新形势、站上新起点，为我国法治建设提供了宝贵的历史机遇，必将引领我国社会主义法治建设进入新时代，从而更好实现全面依法治国总目标，更好维护国家法制统一、尊严、权威，更加强化人权法治保障，保证人民依法享有广泛权利和自由。

总体而言，党的十八届三中全会、十八届四中全会及党的十九大系统地诠释了法治与国家治理的内在关系，法治与国家治理具有天然的共生性和统一性。

从价值理念看，法治是现代国家的核心价值观，是现代国家理念的凝聚和反映。首先，作为一种现代国家理念，法治本身蕴含的良法之治、法律至上、分权制衡、司法独立等思想，构成了现代国家治理理念和规则体系；法治本身承载的人类对理性、民主、平等、权利及安全等价值的期待，成为国家治理现代化的价值追求。其次，法治对国家治理和社会整合的权威引导、激励裁判、规范约束、共识凝聚等是国家治理现代化进程中不可缺少的关键因素。由此可见，治理与法治关联在一起，二者"本质上是兼容的，内容上是互补的，形式上是共生的"。

从规则体系看，法治体系是国家治理体系的核心。国家治理体系是"一个多主体、多中心、多层次、多结构、多功能的有机系统"。作为一种制度化的治理架构，国家治理体系既要有科学的制度安排，又要形成保证制度和组织体系灵活运行的机制，这都离不开法治的保障。概括来讲，法治体系是治理体系的核心，在一定意义上，国家治理体系本质就是法治体系。因此，欲实现国家治理体系现代化，首先需要推进国家法治体系建设。

从运行机制看，法治是国家治理体系运行的根本保障。国家治理体系现代化首先体现为权力体系运行的现代化，实质是公共权力运行的制度化和规范化。如前所述，国家治理体系囊括了执政党、政府、市场经济体系、社会组织和公民等众多治理要素及其这些要素运转所必须的制度化机制，要理顺现代治理体系诸要素之间的关系或保障各要素运转的制度化，法治是关键，这是现代国家治理的基本经验。

从治理目标看，"善治"是国家治理现代化的理想目标，善治离不开法治。按照治理理论，"善治"即良好的治理，是以公共利益最大化为旨归的国家治理过程和治理活动。根据俞可平教授的观点，要达到善治，需要有良法。"法律是治国之重器，良法是善治之前提"，可见，只有依靠法治才能够防止治理变成劣治和恶治。也正是在这个意义上，党的十九大才从战略高度强调，全面推进依法治国是关乎党和国家长治久安的重大战略问题。

二、法治在地方治理中的重要作用

地方治理历来是国家治理的重点和难点，在很大程度上，地方治理水平决定着国家治理的水平。可以说，没有地方治理的现代化，就不可能实现国家治理层面的现代化。地方治理现代化离不开法治在地方治理中的作用。

发挥法治在地方治理中的作用实质是走地方治理法治化的道路。地方治理法治化，是指在地方治理中将各治理主体的职能定位、权利界限、行动规则及其相互关系法治化与规范化，并在治理过程中严格实施的过程。地方治理法治化是依法治国的重要组成部分，是推进地方治理的根本保障和根本方式。

地方治理法治化是地方治理现代化的根本保障。国家治理现代化客观上要求运用完善的制度和严谨的程序开展治理，杜绝治理中的过度行政化，不能使治理因领导人的意志随意改变。法治强调制度思维、规则思维和程序思维，为公共权力的行使制定了严格的规则和程序，避免了其他治理方式的自由和随意。从现代治理逻辑看，法治方式更适合国家治理，在国家治理框架下，地方治理则更为复杂，需要化解的矛盾、解决的问题更多。从治理主体看，地方治理是一种多元主体，地方政府、社会组织、基层自治组织及公民都是地方治理的主体，这就需要正确处理各治理主体之间的权力界定与利益调节。从治理规则看，地方治理中需要适用更多的规则，才能对复杂多变的地方实践要求作出积极、有效和灵活的回应。从治理模式看，地方治理需要一种多元主体合作治理机制，地方政府需要积极寻求与市场主体、社会组织（基层自治组织）、公民等的协作，以解决日趋复杂的社会公共事务。只有这样，"多元共治"

的地方治理秩序和国家治理善治的目标才能实现。

地方治理法治化是地方治理现代化的根本方式。法治是治国理政的基本方式，是地方治理的基本范式。无论从国家治理的历史，还是从现代治理实践看，单纯的政治方式显然越来越不适应现代治理的要求，根据国家治理理论，法治是国家治理现代化的关键指标。现代社会的重要特征就是高度复杂化，以具体行政命令一事一办的方法根本不足以应对纷繁复杂的地方事务，只有用法律来规范社会成员的行为，才能形成一个稳定有序的社会状态。地方治理体系作为一种复杂的规范体系，它的运转离不开法治的规范和保障。在地方治理中，通过法治的方式将治理主体和利益关系人的权利义务加以规范和明细，在尊重治理主体对政治、经济、社会共同事务的合意基础上共同行动，才有助于地方治理的有序化。

第二章
法治化视野下的地方立法

第一节　法治化视野下地方立法的内涵

　　谈论法治，离不开这样的问题意识——现代中国所要的法治是什么样的法治？承前所述，我国要建立的是民主型法治。学者李贵连认为，民主制度建立起来，"向着自由"，保护个人自由权利，让每一个中国人都能自由生活的法治制度建立起来了，说明了社会主义法治就是民主法治。

　　立法是实施民主政治的表现，地方立法在推动实现治理的过程中，作为法治化的实现方式，展现了自主性的特点。地方立法的"本职工作"是自主制定区域性事务的相关规则，发挥治理体系的规制功能，使行政机关的执政模式向服务型、法治型转变和完善。地方立法作为治理的最具强制力的方式，发挥其手段功能，立法先行推动改革。正如实践法学派观点：法不但具有工具功能，还体现不同社会集团的价值追求。地方立法的发展逐步完善，正在规范与地方治理的互动格局。

一、地方治理与地方立法的内在关联

（一）运行机制：上下结合与点面渐进的模式

国家治理的诞生是统治阶级维护特定秩序，对公共事务进行调控和指引的结果。国家由上到下指导地方开展治理，基层自下而上自觉治理，回应各方利益需求，体现了治理职能。近年来，我国法治建设中，许多治理措施采取了地方相关部门先行进行广泛的试点实践工作。为解决社会发展各方面的难题，2016年在北京市、山西省、浙江省开展国家监察体制改革试点，通过"开先河"的创新实践，取得了良好成果，被中央认可和接受，而后推广。这样由点到面的渐进，由下到上再向下实现确立的经历，正体现了中国治理问题的"过程哲学"。在马克思主义对国家起源的论述中，国家为了缓和矛盾，力将冲突保持在秩序之内。在法律和制度的框架下，则体现为维护国家立法的统一性，即法制统一。为消弭中国社会发展差距和适应各地区显著的条件差异、不平衡发展状况，《宪法》作为最高法源，赋予了地方立法的权力和地位，在维护法制统一的基础上，实现地方立法多元化发展。如北京、上海、江苏等地较早颁布了行政应诉的相关法规，行政首长出庭应诉制度在全国各地行政诉讼实践中占有相当重要的地位，体现了地方立法具有多样性统一的哲学方法论的基础。同时，符合我国上下结合型的立法结构。

哲学上认为，任何事物都具有可找寻的规律性和个体的特殊性。通过历史回顾发现哲学基础上的共同之处，背后必然存在着共通的规律性的特点。具有类似机理的地方治理和地方立法的运行模式，便是二者在哲学上所具有的共同规律，它有助于建立联系，更好遵循法治发展的统一性。

（二）基本关系：大主体包含小主体，大范围包含小范围

将地方立法置于治理法治化视野下研究，是本书的基本思路，应当明确地方治理与立法的基本关系。立法权的扩张中蕴含了立法主体的扩张。因此，可将治理与立法的发展形态都视为一元独揽的结构走向多元合作的结构。两者不同的主体、范围体现了性质和关系上的区别。

1. 大主体包含小主体

由于现实中，地方治理被误认为是地方政府治理。因此往往陷入"地方立法的主体只能是政府"的误解中。这就产生两个观念上的错误：一是治理主体的错误，二是立法主体的错误。习近平总书记指出，治理和管理一字之差，体现的是系统治理、依法治理、源头治理、综合施策。管理向治理转化，地方治理应成为一种多元治理方式、全方位的综合治理。因此，应及时矫正对治理主体认识的偏差，认识地方治理的主体是多元化的，而地方立法是其中的小主体。治理的多元化主体包括立法机关、行政机关、社会组织和司法机关等，多主体构建了制度化的、多元协调的控权体系。其中，关注立法机关和行政机关的治理，《宪法》体现了地方立法机关的治理职能：保证宪法、法律、行政法规的遵守和执行（第九十九条）；审查决定地方的经济建设、文化建设和公共事业建设的计划（第九十九条）；讨论、决定本行政区域内各方面工作的重大事项

（第一百零四条）等。作为权力机关的执行机关，人民政府的治理职能体现为：管理本行政区域内的经济、教育、科学、文化、卫生、体育事业、城乡建设事业和财政、民政、公安、民族事务、司法行政、计划生育等行政工作（第一百零七条）。

地方立法的主体则相对单一。虽然《立法法》第四章是关于"地方性法规、自治条例和单行条例、规章"，但显然地方政府制定地方性规章不同于一般的地方立法。其一，实务界特别是地方人大及其常委会的同志多认为，"地方立法"仅指地方人民代表大会及其常务委员会的立法，并不包括地方人民政府制定的规章。如近年来，由全国人大常委会法工委主办、地方承办的每年一次的"全国地方立法研讨会"，就仅召集由地方性法规、自治条例、单行条例制定权的地方人大常委会参加。其二，2015年《立法法》修改后，各地方重视立法工作，相继制定、修改并颁布了各自的立法条例。许多条例规定了立法适用范围包含地方性法规的制定、修改和废止，如《江西省立法条例》第二条、《河南省立法条例》第二条等。但这并非意味着实践层面上，我国地方立法已经绝对排除了地方规章，如副省级城市成都则在《成都市地方立法条例》第二条规定，适用范围仍为地方性法规和规章。统而言之，本书将采用实务界和理论界更倾向的观点，将地方立法权行使主体定义为地方人大及其常委会。因此，地方治理与地方立法在主体上表现为包含的关系。

2. 大范围包含小范围

地方治理是多层面多领域的事项，要带动整个社会构建法治化，就会涉及财政、教育、医疗、公共管理等地方事务的处理和改革，要求地方制定良法、地方治理法治化、社会自治的协调运行。而地方立法所处在的层面虽然单一但覆盖各个领域，如今立法成果众多，如科技领域的促进科技成果转化条例、公共管理领域的物业管理办法、财政领域的住宅维修专项资金管理规定、涉及教育领域的午托机构管理办法等，有传统领域，也有随着社会发展需要立法规制的新兴领域。虽取得遍地开花的成效，但立法范围也受到权限的制约，表征为"法律规定，授权设区的市制定地方性法规和规章只能在城乡建设与管理、环境保护、历史文化保护等方面"。因而，在多元结构的地方治理下，治理范围远超过立法范围。

概言之，地方治理与地方立法在主体和范围上是包含的关系。治理的目标是实现所辖行政区域内，国家、公民、社会协同共治，解决地方的公共问题。立法的目标是实现良法治理，保障主体的权利，维护社会秩序的稳定。地方立法是整个地方治理的关键环节，具有"牵一发而动全身"的效果，因而也是带动地方治理、缓解各类矛盾的良性循环。所以，从作用上来说，地方立法对于地方治理起到的是夯实基础的作用。从重要性而言，地方立法属于治理结构中金字塔顶端的重要内容之一。

（三）共同目标：实现国家治理体系和治理能力现代化

《中共中央关于全面深化改革若干重大问题的决定》将"推进国家治理体系和治理能力现代化"上升到全面深化改革的总目标的高度。习近平总书记正确解读其核心内涵时指明"国家治理体系和治理能力现代化"最重要的制度和特征就是"国家治理体系法治化"。需要通过法治推进民主，对行使权力的行为进行规范和制约，从根本上保障权力行使符合人民群众根本利益。

我国已进入完全不同于传统中国中央高度集权时期的新阶段。新中国成立以来，为适应各个时期经济体制的改革和社会发展的实际需要，地方分权的改革不断推进和深入。但一直以来，我国地理结构存在巨大差异，各地历史文化和社会经济的发展水平参差不齐，导致我国行政区域从东部到西部呈现发达到落后的形态。各地差异性和不平衡性决定了地方治理不能"一刀切"，"国家治理体系和治理能力现代化"也向地方治理提出了"实现法治化"的具体任务。目前，我国法治社会的形成要靠各个地方因地制宜，分别试验，找出一条既能反映法治共同精神和基本要求，同时又具有地方特色，合乎当地文化传统、社会现状、经济水平的治理方式。随着社会变迁，地方立法从无到有，朝着具体完善的趋势发展。设区的市拥有立法权将促使地方政府履行职能方式的转变，推动地方治理体系和治理能力的现代化。但无论是地方治理还是地方立法，都是为了夯实地方发展基础，维护社会秩序，加强地方治理实现法治化，进而推动国家治理体系和治理能力现代化进程。总而言之，地方立法和地方治理都是实现社会法治的重要途径，为实现这一目标，地方"摸着石头过河"并取得了先试先行的突破。

二、地方立法的功能体现

（一）规制功能：地方治理体系的法治约束

承前所述，地方治理需要治理主体共同完成和实现公共服务和社会事务的改革与发展。而处理公共事务所需要的原则、规则和组织的集合，是地方治理体系。地方治理的目标不外乎维持稳定的社会秩序和保障社会成员的发展和权益。因此，治理目标的实现前提是具有完善、合理且运行有效的成文规则体系。因此多数情况下，社会成员可以通过自我约束和相互约束完善治理。一旦发生持续冲突，便无法依赖自我约束，需要具有强制力的规范实现制约。诚然，地方治理是政府、社会组织、企业等利益攸关者，共同参与、协同治理，实现国家与社会的良性互动，地方立法在其中承担了"强制性规范"的角色。通过制度安排，避免地方治理主体大行其道，防止利益操控、权力腐败，实现治理过程的权力制约。地方治理是多元主体的协同治理，既要求正确处理政府与市场的关系，政府的归政府，市场的归市场，也要求正确处理政府与社会的关系。为实现地方治理体系的法治约束，处理好法治与民主政治、经济和文化之间的关系。需要立法与改革相衔接，制定能主动适应社会发展和秩序维护的需要，并能保持前瞻性和稳定性之间平衡的地方立法。

在法哲学方面，法治不仅仅是一种法律制度，而且也包含着一种价值追求，这种价值追求引导法治的发展。法治作为系统工程，通过立法、执法、司法、守法四者的有机整体和良性互动达到"保障"的目的。习近平总书记强调：法律是治国之重器，法治是国家治理体系和治理能力的重要依托。地方立法的目的性价值体现为，对治理体系的法治约束，不仅能保障治埋体系的稳固运行，行政主体依法施政，社会组织遵纪守法，也是法治自身的价值体现。

（二）手段功能：作为地方治理的核心手段

2019年2月25日，习近平总书记主持召开中央全面依法治国委员会第二次会议强调：完善法治建设规划，提高立法工作质量效率，为推进改革发展稳定工作营造良好法治环境。这句话表明了法治建设对于改革的重要性，必须发挥好立法的引领和推动作用。实践中，立法不断推动地方治理结构和方式的完善，进而推动社会变革。如深圳作为经济特区，营商环境为全国最优城市之一，为推动经济这一重点领域的改革发展，为大中小企业创造更好的营商环境，近年出台了《深圳经济特区政府投资项目管理条例（2018修正）》《深圳经济特区政府投资项目审计监督条例（2018修正）》等融资相关法规，2019年3月1日正式施行《深圳经济特区知识产权保护条例》，还计划修改《深圳经济特区股份合作公司条例》等。另外，其他相关领域也不断以立法推动改革的发展，如2016年广西出台《广西壮族自治区非物质文化遗产保护条例》后，地方人大积极针对行政区内相关非物质文化遗产制定法规：《河池市非物质文化遗产保护条例》《贵港市太平天国金田起义遗址保护条例》《贺州市黄姚古镇保护条例》《桂林市石刻保护条例》等。立法先行，以立法推动文化繁荣兴盛，是加快地方治理法治化改革的体现。

地方治理与地方立法的应然关系可以表述为，治理体系作为制度篱笆对立法进行制约，同时，地方治理体系的运转需要在立法上给予鞭策。中国大多数法学论者对中国法学所存在的问题有这样的描述：中国法学在进行法律知识生产的过程中基本上忽略了对中国现实问题的切实关注和研究。作为治理的核心手段的地方立法，正是关注现实问题的学术研究。

（三）竞争功能：参与地方政府的竞争

管仲对法的概念界定提出了自己的看法，并认为"法律政令者，吏民规矩绳墨也"（《管子·七臣七主》），将法喻为尺寸、绳墨等，表征一种公平客观的标准。商鞅进一步阐释这种思想，提出，"法者，国之权衡也"（《商君书》）。在法家看来，法强调的是公平、平衡的价值目标，才有利于法的执行。本书认为，法必须是体现公平价值的法，"法平如水"的公平竞争才能体现法的价值。法作为工具，以实现自由、公平、秩序为价值目标。

拥有合法行政权的政府组织，为实现多元目标，包括经济目标、政治目标、社会目标，使用包括法律制度在内的多种方式发生竞争。与企业竞争不同，政府竞争发生在政治市场，且具有一定强制性。地方立法主体因依法治理行政区域内公共事务而成为局部的权力中心，扮演者主动谋取潜在制度利益的"第一行动集团"的角色，利用政治力量主动追逐本地利益。地方立法的参与，为竞争提供了制度保障，激发地方政府发展和进行制度创新的积极性，提高公共服务的质量。

第二节　法治化视野下地方立法的现实问题

在法治化建设的整体进程中，地方科学民主地制定立法成为治理的核心手段。法家将"法治"的内容提炼为两个方面——"良法"和"善治"，而在我国法治实践中，面临着来自人们的法律意识、习惯下的权力运行规范和市民社会等多方面的抑制因素。从今日社会现实，观察何以阻碍良法？何以阻碍善治？概之为在地方治理法治化背景下，地方立法活动不合法、不合理行使情况的发生，影响了地方立法权力的运行和控制。如一些设区市在立法权下放的短短几年，立法数量激增，甚至超越了省一级的立法数量。这或许可以归因于立法权下放激发了地方活力，但在立法质量上的把控仍有待考察；一些设区的市在立法前论证环节中，对立法必要性的把控不充分，导致了一些不必要立法的出台；一些地方对于本级或下一级立法提案经过审查论证且决定通过，却仍存在不少的法条缺陷或逻辑错误。多种迹象表明，地方立法的运行正面临着必要性、合法性、合理性、实效性的拷问，产生的不必要立法甚至影响我国的法制统一。本书将地方治理下立法的现实问题归纳为以下几个方面。

一、地方治理对立法的定位错误

地方治理与地方立法的应然关系可以表述为，治理体系作为制度"篱笆"对立法进行制约，同时，地方治理体系的运转需要在立法上给予鞭策。但在实践中，地方立法机关通常在观念上无法正确的厘清治理与立法的内在关系，在治理权限内，将属于地方治理的内容通过立法的方式盲目约束，造成立法僭越等混乱现象。

（一）地方治理与立法的认识基础匮乏

地方治理界限划分在"治理—立法"理念关系中解决的是这样的问题：哪些是需要通过立法来进行治理的？哪些是通过其他社会管理手段治理，无立法必要的？目前，一些地方在初步的治理中表现出了认识的误区和错误的做法，将多元治理主体与扩大职能范围错误衔接，如把地方立法当作出台专项工作报告或其他行政规范性文件一般。又或是跳过立法程序，将应当立法的事项，通过规范性文件的形式出台规定，这些都是地方治理与立法间认识基础匮乏的表征。

除《立法法》所规定地方立法事项，《宪法》和《立法法》还明确了立法保留事项，换言之，地方禁止立法的事项。但有些地方因长期存在权威主导的客观情况，对市场和社会进行干预或控制成为习惯，市场经济的发展过分依赖于政策甚至是立法的推进，使得公民参与或社会组织受到限制。如"城乡建设与管理"与社会管理类事项，二者存在交叉，因此，交叉部分极容易令治理主体产生误解。如人口流动事项、公共服务类事项、治安管理类事项……属于限制地方立法的范围，但极易为立法所忽略。又如，近年来地方较为关注的"物业管理"，既属于城乡管理范围，又属于社会管理事项，实践中若产生混淆，必然导致"沾边就管、沾边不管"的混乱。另外，地方治理主体对不合时宜、不合法规的权力有无及时清理，对不属于管控范围的微观领域有无及时收权，甚至有无合理配置地方立法权力，都对立法活动的顺利进行产生消极影响。

（二）对地方立法特征的观念误区

我国中央立法体制与地方立法体制具有"一体化"特点。出于对法制统一的考虑，一些地方由于盲目立法，导致保守被动地大量重复上位法，"形式主义倾向"也在立法发展的几十年里逐步体现出来。这是我国立法体制暴露出的一个弊端，地方立法具有三个特征：执行性、自主性和创新性。

1. 执行性

结合前述内容，将地方立法看作中央立法的自然延伸，成为"末梢"，作用是拾遗补缺，但在我国一些学者看来却是一种认识误区，人们对地方立法的性质和职能认识存在偏差，必将导致地方立法保守而被动。根据《立法法》第七十三条第一项，地方性法规可以规定"为执行法律、行政法规的规定，需要根据本行政区域的实际情况作具体规定的事项"，说明中央希望地方作为立法的"执行者"，中央立法出台后，地方出台关于中央立法的一些具体实施细则。那么，是何缘故导致人们习惯于讲究地方立法形式完整和与上位法相对应，而难以体现地方实情？重新审视地方立法的特征，认为执行性等同于保守和被动的看法，实际上是一种狭隘的认识。虽然地方在立法事项上受到一定的限制，首要职能是保证中央立法在本行政区的实施和对操作困难的立法进行细化规定，但对法制统一和地方立法本质上存在执行性的要求，绝不意味着认可地方立法频繁重复上位法和制定形式主义规定。

2. 自主性

误用立法自主性便造成"头痛医头、脚痛医脚"，立法部门利益倾向明显的现状。一方面，受组织职能的影响，一些部门对于法令、政策的依赖性很强，如经济综合部门和行政执法部门，需要及时运用法令来规范和调整工作。因此，这些部门对相关内容掌握得很及时，在立法上才有针对性，这也是相关部门必须参与立法的重要因素。然而，法规规章往往涉及多个部门的权力义务，应站在本部门的角度，提出立法意见或建议。然而过分强调自身利益，倾向于将本部门权力扩张和合法化，必然导致推诿责任，权责不相匹配的问题。另一方面，一些立法机关急于解决社会存在的矛盾冲突或追求立法效率，忽视了立法现实性和必要性的问题。如2003年国务院制定颁布了《物业管理条例》，为适应社会发展经历了多次修改，2016年和2018年进行了密集修正。近年各地也积极制定的"物业管理规范"，现关于"物业管理"的地方性法规和规章全国已近

300部，在人口众多、物业企业市场乱象的地方属于科学的立法选题，但对于人口稀疏、不具有太多小区物业的城市则不具备立法的必要性。如此为了立法而立法的行为，导致了立法资源的浪费。

3. 创新性

赋予地方立法权的目的之一是回应当地的"具体情形和实际需要"，也就是根据地方实际，出台相关立法，才能更有助于地方的发展。面对复杂的社会关系，不能仅通过法律完美规制。难以实现立法真正的创新，不能突出地方特色成为如今地方立法的一大弊病。且地方立法过于盲从，与中央或上位法保持一致，亦步亦趋。在立法规划中对不必要立法的筛查不够慎重，对可以通过其他规范性文件进行约束的社会问题升格立法，则是未能区分立法与其他治理措施的表现。

二、地方立法体制发展缓慢

立法体制指一定政权中行使立法权力的配置体系和制度，地方立法体制解决的是地方立法权是否能行使和如何行使的问题。作为我国立法制度的一部分，不同国家、不同政权结构下的立法体制通常受到多种因素的制约或影响，形成不同的特点。

将地方治理视为一个整体，地方立法机关、政府、司法机关和社会是其中的组成部分，实现治理环节的法治化，各部分应共同协调并进。但地方治理权力结构中，决策权、执法权、监督权滋生"细菌"所带有的"疾病"使其不能更好地发挥效用，构建相互制约与协调的权力运行模式面临重重困境。

（一）治理资源向立法供给不足

1. 立法配权不均

政权组织治理的核心其实是地方政府治理。由于行政主体也是立法主体，行政机关掌握行政权，可以实施行政立法。从立法、行政、司法权力制约的角度看，这是很异常的现象，立法者执法本就是权力配置不均衡的后果，加之立法容易受到行政的影响，促使非良性立法的诞生。行政机关扮演了政治立法者的角色，在执行立法中发挥了立法的规范效用。因此，必须自己决定立法的论证规范和运用规范。但这些实践上的问题并非通过提高行政效率便可解决，需要通过合理方式给出规范性理由。然而，作为一般行政权的拥有者，是不具备这样的能力的。还有学者提出，行政立法不同于立法机关立法的原因：一是由于主体不同；二是由于权力属性不同，行政立法实际上只是行政权，但不影响获得统一的结论。然而这种观点并不能解释行政驱动下的地方立法现象，如此，不但促使盲目追求本地利益，也必然导致立法功能的丧失。行政应当依法而治，这个"法"如若不是民主的法、法学的法，那么这样的社会治理现状必然是有缺陷的。

2. 相关机构、人员配备尚须完善

立法主体猛增，没有相应配套的支撑，必然影响立法工作的开展。一些地方未设专门的法制工作部门；一些地方立法人才配置不健全；一些地方立法工作人员的学习培训不到位或业务能力低，使得整个立法工作队伍综合素质不高，因而成为制定良法的一大阻碍。立法不仅需要有一个完整的立法机构或是团队，更需要成员对于立法目的有着明确的认

识、丰富的立法知识。从省级立法上看，立法主体承担着法规审批和备案审查工作，合法性审查责任重大，对人大立法能力也是一个不小的挑战。而从设区的市层面上看，承担设区的市立法主体的部门或人员，不仅承担着立法任务，还承担着其他繁重的行政任务，经验和人才都需要积累。

3. 立法能力与技术不成熟

根据《立法法》第七十二条第四款的规定，设区的市开始制定地方性法规的"具体步骤"和"时间"由省级人大常委会确定，须考虑设区的市的"人口数量""地域面积""经济社会发展情况""立法需求""立法能力"等因素实际上，一些设区的市甚至省级立法主体在立法能力上尚未达到独立制定地方法规规章的高度。地方立法伴随着各种各样的问题，呈现区分形态。

首先，立法参照甚至抄袭情况严重。许多设区的市立法出台的背景都是该领域制定了全国性法律，于是各级人大或政府紧跟步伐制定更为详细的规则。最先出台的地方规范就极容易成为其他地方立法机关的参照规范，形成了同位阶规范之间抄袭的现象。其次，忽略立法质量的要求。有些地方立法不仅不能保证体例结构完整性，且新想法突破了一般立法要求，如地方规章以"XX条例"的形式随意命名，违反了国务院《规章制度程序条例》的规定。最后，淡化甚至虚置立法权，保守地选择一些稳妥的立法项目，或各省市已出台的、有参考模板的立法，或是追求体例结构完整性因而与上位法体例机构如出一辙。如有的规章并非复杂规定，却分为"章""节"，同样不符合国务院《规章制度程序条例》的规定。地方立法就像是战士手中持有的宝剑，要发挥最强力量就必须要磨砺出最佳剑形。不可过于强调自主创新，反而忽略了基础原则。

（二）立法制度的功能异化

地方立法具有补充上位法、横向衔接司法适用、为人民提供行为依据的一般功能。但出现许多功能异化的问题，主要体现在以下三个方面。

一是地方立法有时成为当地政策的合法外衣，而失去立法的必要性。地方立法具有对上位法进行补充的功能，有些立法机关却误读了立法功能，误认为地方立法是为本地推出施政决策、提供合法外衣的手段。政策的数量导致法律媒介不堪重负，归根结底，只有在以政治自主的方式展开权力体系所需要的民主程序受到损害的时候。换言之，当政治干涉立法，而不再民主化的时候，立法必然呈现出政策化的功能。

二是立法为公民的行为规范提供依据，但法院适用地方立法作出判决的情况并不多。法规规章所强调的规则意识指引人们当为或不当为，当为不为有何后果，不当为而为承担何责。但由于地方性立法缺乏精细化，法院在适用中，常因存在疑惑而放弃。加之绝大多数案件依据法律法规便可作出判决，以及许多地方性条款只是在一味重复上位法的规定罢了。例如，2013年河南省高院曾针对地方性法规适用情况进行了调研，在行政案件审判中，适用地方性法规的案件相对比较多，类型也相对集中；在民事案件审判中，适用地方性法规进行审理的案件类型主要是与地方经济发展和人民群众切身利益较密切的民事纠纷；有关犯罪与刑罚的事项无权制定规范加以调整，故刑事案件审判中没有直接适用地方性法规作为定罪量刑的依据进行裁判。全省法院普遍存在几大问题：

司法审判中适用地方性法规率较低；对地方性法规的适用不规范；个别地方性法规立法质量不高，使得一些法官在适用地方性法规时比较困惑；地方性法规适用中的请示汇报机制不畅通。也有研究者通过对"聚法案例"数据库的检索，提取了司法判决中适用地方性法规和规章的75个典型样本，汇总分析后得到16个案件适用了地方立法，占全部案件数的22.2%。

三是立法的根源是为了维护最广大人民的利益，但很多时候地方立法却没有实效性。从权力的角度考察，是立法权必须能够转移给公民的总体，使之从自己当中产生出共同信念的交往权力。换言之，一切权力来自人民，权力应为人民服务，其制定的立法必然为人民所用。而失去了以民主为主的地方立法，同时也将失去实效性。

三、立法程序实施与治理要素不协调

地方立法应根据当地的经济、文化、社会等发展水平，结合地方实际，依据《宪法》和《立法法》对立法程序的法律规定，有针对性地出台立法，从而实现地方治理法治化。下面从立法程序角度出发，讨论地方立法在"要不要立"和"怎么立"的问题上产生的"病症"。

（一）立法或行政决策的程序规避

立法的程序是规范立法权行使的一种程序，包含草案提出、审议和表决的程序，它不同于政府行政决定的制定程序。行使立法职能的步骤和方法具有法定性，如地方性法规案的制定程序由本级人民代表大会规定，地方政府规章的制定程序由国务院规定。要求立法主体禁止违背立法必须遵循的程序，否则该项立法便不具有正当性，必然导致被改变或撤销的后果。而行政决定制定程序是政府作出一项行政决定所执行的具体步骤和方法，相比法律的制定，没有繁杂的流程，由各地方政府确定，且有不同差异。但同样应遵循程序，尤其是作出一项重大行政决策时。

2017年8月，《重大行政决策程序暂行条例（征求意见稿）》已经结束向社会征求意见。待完善修改稿后，将提请审议出台。何为重大行政决策？根据该意见稿第三条使用范围可以确定，对经济社会发展有重大影响、涉及重大公共利益或社会公众切身利益的其他重大事项属于政府重大行政决策。这与地方立法存在密切联系，城乡建设与管理、环境保护、历史文化保护等方面的事项属于地方立法范围，由地方政府出台的相关立法同时属于重大行政决策，要依决策程序和立法程序的双重规定制定。

（二）立法程序运行缺乏保障

地方立法是一种包含了"选题—评估—起草—论证—修改—实施"整个过程的治理手段，有了明确规范却未能依照既定程序实施或立法行为不符合规定程序，可以被归纳为实施立法程序的瑕疵。长期以来"摸着石头过河"的立法模式造成实践中常由于缺乏对评估标准的清晰认识、公众参与立法不足、审查程序运行力量薄弱等问题，导致程序保障的缺失。

1. 立法前评估渠道不畅

实施立法前评估在治理法治化中除了解决立法的科学性问题，还有何时法及追求何种目标的问题。涉及的主要内容除必要性，还包括是否符合主流价值观要求；与整个法律体系的协调性、相关性；对社会效益有无积极、正面的作用；有无可能影响法规规章的实施等。一部好的法规或规章出台，首先需要确定一个正确的立法项目。据了解，唐山市建立立法前质量评估制度，每项立法无一例外地由人大常委会遵循立法前质量评估制度进行，保障了立法的科学性。也有地方专门针对立法前评估出台相关规定，如云南省《关于争议较大的重要地方立法事项引入第三方评估的工作规范》第十条，确立了重大立法项目评估报告所包含的内容。但本书认为，该规定作用不大：一是其内容更像是对报告"结构、格式"的要求；二是"报告"是一种结论，立法前评估更应侧重评估的内容，即过程。因此，相较于2013年出台的《广东省人民代表大会常务委员会立法评估工作规定》第七条"对法规案进行总体评价的三个方面"而言，云南省的规定显然会令人感觉法治思维不够严谨、立法技术不够成熟。要做立法评估，却对如何操作的问题一知半解，这是如今立法工作中缺乏保障的具体表现。除此之外，在许多设区的市的立法活动中，仍存在法律漏洞或其他不完善之处的立法草案，却由于一些行政任务的要求、完成时间的限制等因素的催促之下，"获得"本级立法机关的通过。在提交到上一级立法机关表决时，立法评估成为该项立法能否通过的唯一限制，诚然，立法评估所考察的主要是合理性因素，判断法规规章出台的时机是否合适，预判颁布后的影响，对于立法必要性的问题，几乎不列入考察范围。由此观之，在实践中立法评估对于下位法的出台难以起到相关的作用。

2. 公众参与立法流于形式

社会主义民主法治建设要求满足公众日益增强的权利意识和不断提

高的政治参与积极性，公众参与一定程度体现了立法的公开公正，或者说体现了程序正义。权威立法机关发布的规范性文件都体现了公众参与的原则。目前，不少地方在立法前都依法实施了立法调研，将草案的征求意见稿发布在立法机关网站主页上，是履行公众参与原则的行为。也有不少地方仍有不足，据一份关于"重大行政决策程序"实施情况的调研反映"重大行政决策作出前，行政部门听取各下级或社会公众意见的情况尚有不足，公众参与作为决策的必经程序，仍有不少决策前未能听取意见"的情况。引用此调研数据，主体虽非立法机关，且地方立法未能完全覆盖重大行政决策事项，但在实证方面具有一定的参考价值。本单位作出重大行政决策前，是否听取各级部门或社会公众意见？

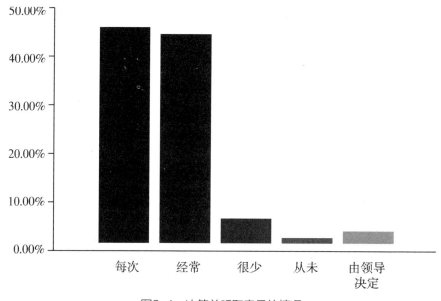

图2-1　决策前听取意见的情况

立法项目、立法草案征求公众意见的程序逐渐进入常态化。有些地方积极采取措施鼓励公众参与立法项目的筛选、起草、审查修改等工作，而另一些地方公众参与立法的发展进程缓慢，仍停留在立法机关完成立法一系列工作的传统立法模式。因此，公众参与度的不足、参与方式分散化，直接影响行政效率和行政决策的作出，增加治理体系的系统性风险。除此之外，公众参与还应当产生实效，汇总分析有关意见和建议的过程必不可少。然而客观上，公众参与仍未能关注实效成果，存在着与理想之间的差异，参与效果不佳甚至流于形式化。

3. 审查程序运行力量薄弱

立法审查是立法的关键环节，广义上的立法审查贯穿立项、起草、审查、决定的整个过程，是对立法目的和立法必要性等要求的思考。作为立法程序的必要阶段，地方性法规的立法审查，不同地方可能存在一些差异，但本质上都包括广泛求证、听取意见、修改建议方面的内容。制定政府规章的立法审查的程序更是得到法律明确规定。将不符合立法目的、审查标准的草案将通过立法审查的环节"拒之门外"。省、自治区人大常委会是地方性法规的审查主体，法制机构是规章的审查主体，本省、自治区人民政府可实施立法后评估。但根据《规章制定程序条例》第十九条所明确的法制机构对送审稿进行审查的具体方面，是关于立法要求的抽象表达。因此，对地方规章的审查，客观上存在适用标准抽象的问题，而这些问题极易招致地方社会管理行为混乱。

另外，以《立法法》第七十二条和《规章制定程序条例》第六条为法律基础，地方立法的现实是审查程序没能将注意力集中在这四个方面：一是必要性，"本行政区域的具体情况和实际需要"说明了立法须体现必要性，一些地方追求立法工作景观化、高大化或数量化，盲目立法；二是合法性，制定地方性法规规章不得与宪法、法律、行政法规相抵触；三是合理性，地方立法事项应根据本地实际情况和具体需要，不能错误地认为地方立法是为本地推出重大行政决策提供合法外衣的手段，将"红头文件"升格为法规规章；四是实效性，制定法规规章应科学民主，完成解决经济发展阻碍、环境保护的困难、社会发展的矛盾，引导社会规范自身行为。

第三节　法治化视野下地方立法运行困滞的原因

中国地方立法呈现出立法发展受阻的境况，应从规范上和事实上进行分析。其一，明确规范上对于地方立法的法律预设。其二，凸显地方立法的实际效应。地方立法权在治理资源中属于稀缺资源，地方立法行为不规范原因表征为三个方面：一是立法主体对立法理念的主观认识不足，出现的认识局限和误解导致立法行为偏差，使立法在补充性和自主性上产生矛盾，导致地方立法的法律预设出现"裂痕"。二是立法资源的不合理配置。集权结构的社会中，对稀缺资源的不合理配置既为执权者吸收更多社会资源开启便利之门，又为其扩张设租空间创设了条件。三是地方立法后天"揠苗助长"的态度，为弥补先天缺陷而过度自主产生了问题。地方立法不能回应当地的"具体情形和实际需要"，导致立法应然效应不佳。本章通过对地方立法权不规范现状进行矛盾的梳理及成因分析，用法理意识认识现象背后的本质，为提出规范建议和路径选择奠定基础。

一、立法横纵向权力划分不明

由于中央集权演化为地方分权的历史形态显然不足以让治理主体正确划分地方立法在治理当中的定位，中央与地方立法分权的矛盾也成为加剧这种问题的原因。

（一）中央与地方立法的矛盾关系

过去，中央立法高度集权的目的之一在于维护法治统一，赋权目的之一在于适应地方需要，促进地方社会发展。最高立法机关放权，则中央政府和地方立法权力扩张，有"弱化"最高立法权之趋势。且一些地方立法先行，但实际上是中央立法的"试验场"，可能受到地方立法"合宪性"的拷问。但是，最高立法机关又紧握立法权，地方所享有的立法权自主性弱，如设区的市立法权只能称为"半个立法权"即设区的市的人大及其常委会制定地方性法规，但要报省级人大及其常委会批准，地方常常抱怨自己没有足够的立法权。国家立法事项在"部门本位主义"和"地方保护主义"的撕扯作用下被"条块分割"，前者是"条条"，后者是"块块"。二者在国家立法体制下，立法产生不相适应甚至有较大差距的情况时，使地方执法机关不知如何选择，是执行中央主管部门立法，还是执行地方的政策、指令，产生的问题超出了用法律位阶可解答的范围。

（二）立法权与行政权的交叉形态

就依法行政的实质来说，国家权力机关所制定的行政法律规范是我国行政机关从事行政管理活动的依据和准则。地方行政机关依法制定的下位法是地方性事务的管理规范，并非政策外衣。行政权在我国具有上下对口、职权同构化的特点，可以说是上令下行、保护外部社会利益、管理内部工作人员的事权集合。因此，在权力广度上远超过立法权。而政府行使职权所颁布的各项决定与命令须依法作出，这其中也包括地方立法，所以在权力深度这一层面，地方立法更深于政府依法作出的各项决定和命令。在权力界限中，地方在立法权与行政权上，呈现纵横交织的结构，行政立法权便存在于这样复杂的结构下。

1982年，我国《宪法》规定允许国务院制定行政法规、各部委制定规章，"行政立法权"概念便已提出。如今，设区的市以上政府依法享有行政立法权，同时也是行政权的主体，在主体上二者呈现交叉和部分重合的形态。但是，行政主体也作为立法主体，行政机关所掌握的行政权中包含了行政立法权，而行政立法权过于"行政化"便是非良性立法的诞生问题背后的根源。且行政权应当是政府处理地方性事务的法定权力，范围甚广，而《立法法》限制了地方立法事项范围为"城乡建设与管理、环境保护、历史文化保护等方面"，地方性事务的范畴远不止于立法客体的范畴，故政策相较于法律最大的不同就是具有灵活性，同时也相对不稳定。

二、结果利益与过程利益驱动

地方治理的事务本质上都存在利益冲突，通过立法获得的过程利益和结果利益最具吸引力，通过利益的驱动，法治竞争转变为恶性竞争，无助于完成治理法治化的使命。从地方治理的角度上说，获得地方立法权是为了推动地方治理法治化。获得地方立法权意味着"扩充"了地方权力，为推进当地经济社会发展的重要制度助力，是维护本地利益的重要规范保障。但利益争夺引起的立法竞争使治理法治化的进程变得艰涩。

"地方保护主义"作为一种利益本位的社会现象，以牺牲全国利益或其他地方利益为代价，换取眼前短暂利益的最大化。加之立法为某些社会关系主体服务等立法权不合理利用等现象，进而引起立法竞争，使法律成为追逐局部利益的工具。地方人大及其常委会审议通过的法案大多由政府相关主管部门起草，报送审议的法规草案难免带有部门利益痕迹。如招商引资中的恶性竞争、环境污染跨地区解决、生产要素非自由流动等。一些立法主体对效益盲目追求，往往突破法律制度的约束，形成政治腐败、环境污染、社会矛盾等副作用，加固地方保护壁垒。因此，追逐地方利益成为现行地方立法体制改革困难的重要根源，甚至有些地方以发展经济为首要任务，为了吸引更多的外来投资和创新人才，使本地在与其他地方的竞争中抢占有利位置，促进本地经济的最大化，以地方立法的形式搞优惠等特殊政策。因此，在"地方保护主义"下，经济利益驱动的地方立法正发生在地方立法纵向与横向的维度上，即中央与地方、地方与地方之间。

除以经济利益为典型的结果利益的驱动外，还存在过程利益。立法实践中，一些地方迫于立法所谓的"紧急性"，"揠苗助长"地走完立法程序，导致地方立法程序不规范运行，又或是一些应当制定地方性法规规章的事项，地方政府却制定了规范性文件，立法程序必然受到规避。

三、缺乏制度性规定和法治约束

地方立法制度解决的是一定政权中立法权能否分别行使和如何行使的内容。立法行使权力的配置和制度中缺乏制度性规定和法治约束，则不利于推进地方法治的建设。其主要原因有以下两方面。

（一）缺乏明细化分权制度

我国属于典型单一分权制国家，但是中央不得超出宪法或法律规定对地方立法的自主权进行干预，此时中央的监督权和控制权，是在承认地方的立法权前提之下行使的。设区的市立法权限范围限定于城乡建设与管理、环境保护、历史文化保护等方面，寻找"收""放"的均衡点使设区的市立法难以完美落地。分权制度较大程度地限制了地方立法权限，减少了设区的市地方立法权的种类供给，尽管其制度设计的初衷是为了防止地方立法权被滥用，但也不恰当的限制了地方立法权发挥作用的空间。另外，地方现行立法虽很大程度上解决了地方实际问题，然而一旦中央出台立法，因其位阶高于地方立法，作为下位法则因抵触无效需要修改。缺乏明细化分权制度，必然影响立法活动甚至带来法治稳定的负面效应，这也是学界诸多关于立法权限问题讨论的原因之一。

（二）规范制定监督机制

权力应当受到监督和制约，一元的立法权力体系下呈现出来的是中央的绝对高度集权，同时意味着，绝对的权力容易导致绝对的腐败。以《立法法》第九十八条对立法监督作出的原则性规定及相关内容，确立了我国立法监督的法律规范和制度框架。中央放权至设区的市，同时收紧了省级立法主体的立法权力，但也赋予了其作为设区的市立法权行使的监督职能。然而，依然会产生权力缺乏监督和地方立法质量把控不严格的问题。地方立法分权受到中央的纵向监督，以及地方立法主体之间的相互监督，如人大对立法的监督、行政权力的自我监督、司法对行政权的监督及社会监督，而其关键在于人大的监督和行政的自我监督。

首先，人大对行政立法的监督，即规范制定监督。具体而言，人大对行政机关制定的规范性文件要进行备案审查，同时限制行政立法权。备案审查是最广泛应用的立法监督方式，是一项保障国家法制统一的制度，其包括合宪性审查、合法性审查和适当性审查。地方政府规章须层层上报、备案至国务院，而备案制度仅是一种程序性规定，并不对地方性法规进行实质审查。收放结合的权力下放模式要求省级立法监督部门对设区的市提请出台的立法内容进行审查监督，该规定还出现在各地方制定的规范性文件中，虽有涉猎，但也极不完整。另外，对行政立法的事前监督实际上是对报送地方性立法的合法性审查，作为一种事前的抽象审查，应对纷繁复杂的知识信息，如果依靠有限的工作人员，筛选和决策难免力所不及。

其次，行政机关的自我监督，关键在于其内外部监督机制不均衡。过分强调外部监督，内部监督意识不强，忽视监督主体性，使内部约束弱化，监督难以达到外力与内力的相互结合。如现有监督制度中，强调外部监督机制的建立，对内部约束规定较少。

第四节　解决地方立法问题的创新策略

地方立法权的实践"卓有成效"，是地方各利益集团权益得到保障的重要基础。然而，现实中的立法理念和立法体制的诸多问题，以及立法行政化取向，未能赋予立法权行使的充足保障。消解现实问题就需要在治理法治化要求下规范立法活动的开展。最后，实现地方治理与立法的协调，还需要明确包括立法在内的治理手段的价值取向，这是地方立法问题现实解决的必然要求，也是实现地方民主法治的重要途径。

一、地方立法不规范运行问题的消解

（一）规范立法的行为规则

法律具有工具性、合目的性。法治作为目的，是由于其所包含的"规范公权，保障私权"的价值目标。习近平总书记提出的"把权力关进制度的笼子里"体现的便是法治要求规范公权。我国有些地方治理的法治化程度较低，首先表现在地方立法上，而地方立法活动须破除一系列异常现象，首先在于规范公权力，具体来说就是严格把控立法权，并将良法治理驶出困难境地。

《宪法》是国家法制统一的基础，一切法律、法规及规章须依宪法制定，此为《宪法》根本法的基本内涵。规范行使立法权应当做到以下三点。

1. 明确立法权限的划分，严守立法范围的限制

我国建立了一系列机制明确权力边界，但某些事件也确实让权力失去了自身边界的合理性。即便达到要求很困难，也要使"中国的立法体制应当在统一性和多样性这两个同样值得追求的极端之间保持一种必要的张力，寻找黄金分割点"。地方立法权应依据宪法、法律、行政法规严格规制，从"纵向"和"横向"双向形成网格规制，明确法律、行政法规对于地方立法的限制性规定。如应当由中央立法的，地方不得僭越；地方人大与政府制定立法的不同；省级立法机关与设区的市立法权限的区分。中央向地方逐级分权，地方在立法前应利用法治思维全盘考虑；注意收集和整理上位法出台和更新情况，详细整理立法参阅资料，避免重复立法；不可笼统搜集，更不得与上位法相抵触，产生立法冲突。

2. 优化立法过程

人们并非先天掌握规则的运行方法，而是在反复的行动中得到了解。法治作为宏观的规则体系，我国也是在实践中学会如何运用的。因此，立法者实施立法活动必须让人们真正参与进来，在法治"游戏"中掌握法治运行智慧。正如哈贝马斯所言，法律获得充分的规范意义，既不是通过其形式本身，也不是通过先天的既与的道德内容，而是通过立法的程序，正是这种程序产生了合法性。

首先，应重视立法过程中对项目草案的严格深入的调研、论证，对立法事项的法律效果、社会效果、可行性及可能出现的问题予以审查、评估，同时提升立法的科学性，降低立法风险。对立法内容的审查注重把握三个方面：一是合宪性审查。梳理把握《立法法》中关于经要求审查地方性法规、经建议审查地方性法规的内容。二是合法性审查。接受

相关法律文件的审查机关应本着合法性审查优先原则，先进行合法性审查、适当性审查。合宪与合法的直接区别在于，是符合宪法还是符合法律，二者的界限在于，某个行为作出法规上的判断是采用法律适用优先原则。三是必要性审查。本书认为在地方立法前评估环节中，有效的必要性审查是阻隔不必要立法出台的关键。

其次，规范立法听证制度，提高公民的立法参与度。为实现立法听证、提高立法机关和公众的沟通、帮助立法机关方便快捷获取信息的功能，地方立法可以就制定法律、法规的"三性"问题听取公众意见，并保障公民的实质参与，而非形式参与。例如，北京的《北京市机动车管理条例》在立法过程中进行了大量的实地调研工作；湖北的《湖北省消费者权益保护条例》则是采用了多种方式的立法听证（举行立法第三方听证、网上听证和基层听证），真正将立法科学化和民主化落到实处。

最后，立法评价作为立法方法中的一种，是立法者对于法律规范所依据的价值及其价值关系的认识、选择，它是立法者对立法的思考、理由进行论述，通过结果的形式传递出法律的价值判断的过程。因此，立法评估是立法理由的逻辑结构与表达的原理、方法，考虑的内容将成为立法审查的基本要素，也将产生对立法结果进行修正的影响，是优化立法流程的重要环节。

3. 细化立法监督规则

立法权的监督注重把握两个方面：一是党和国家的监督机构。2016年以来，我国不断探索国家监察体制改革并取得显著成效，建立了国家监察委员会及下属机构，实现党内监督与国家监督的有机结合。二是地方立法主体之间的相互监督。人大上下级之间领导与被领导、监督与被监督，人大与政府之间监督与被监督的关系不断深化，卓有成效。三是社会监督力量。各种社会监督力量是在实体社会和网络社会两种空间同时展开，不仅能激发公众热情，也能促进公平公正立法。作为一种广泛地法治宣传的方式，重大立法的公众参与则是典型举措。坚持人大主导的立法模式，提出科学的立法事项并接受立法前评估和审查。其中，在立法与社会经济发展明显不相适应、可操作性不强甚至矛盾冲突的情况下，通过必要性审查的验证并及时作出调整。

（二）增强法律实施效果

党的十九大提出，"良法善治"，这就彰显了立法应注重法律实施效果的意义，法律最终需要产生价值。

1. 立法要回应本质问题和创新需求

地方立法在推进改革的实践中均遇到不同程度改革进程缓慢、受阻的问题。人们需要法律在一定程度上"干预"生活，这种"干预"可以社会治理的方式呈现。从立法的选题开始就应当把握问题的根源，需要广泛调研论证和听取意见，并找准法律依据，使包括改革在内的治理行为均可以在法治轨道上行驶。如"濠江改革"问题，反映我国行政组织结构体系的不科学。因此，正如行政法学界学者呼吁的，应完善我国行政组织法律体系，以顶层设计的方式实现立法与改革的同步发展，推动改革的深入进行。另外，立法须回应各地立法创新的需求，我国长期以来基层改革的历史经验也表明，只有将改革的成果制度化、规范化，把包括法治改革在内的改革纳入法治化的轨道，才能保证改革的持续性、稳定性。

2. 解决立法冲突

从地方立法的权限概括出立法的三个特征。认识这三个特征，并要求立法在纵向上不与上位法相抵触，不违反宪法、法律、行政法规的规定；横向不越权立法，不对专属立法事项进行规制。三个特征分别为：一是执行性，为执行法律、行政法规、地方性法规的规定需要制定的规章，地方根据本行政区情况作具体规定；二是自主性，属于本行政区域的具体行政管理事项，即地方性事务可以因地制宜立法，回应当地的"具体情形和实际需要"；三是创新性，除专属立法外，尚未制定法律、行政法规的地方可以现行制定。地方立法的关键在于自主性，由于"地方性事务"包罗万象，涉及社会治理的各个方面，还应当弹性的把握，杜绝重复立法、冲突立法的诞生。

3. 把控立法质量

提升立法质量是制定良法的重要内容，关键在于法治人才的运用和立法技术的提高。法治队伍力量的强弱也影响地方治理法治化的进程。提升立法质量的关键在于三个方面：一是需要储备实施立法活动的后备力量。有立法权的地方须成立法制工作部门，处理立法相关事项，并配备具有资质的立法人员。二是提升立法技术。立法技术是关于立法实际操作的问题，一些地方未能正确解读《立法法》《规章程序制定规定》，导致提出"法条名称是条例还是规定？到底是用章节式还是条款式好？"等已有明确答案的问题。立法真正值得探讨的是哪些方面需要规定、需要规定几条。要进一步建立和完善立法技术规范，明确立法技术规范的地位和作用。三是实现程序正义。程序正义的实现不仅关系到立法权的规范，也对立法质量的把控具有积极影响。尤其不能忽视公众参与的积极作用，社会主义民主法治建设要求满足公众日益增强的权利意识和不断提高的政治参与积极性，这也是维护国家法制统一的要求。

（三）优化治理法治环境

良好的法治秩序为多样化的地方治理提供了基础环境，法治环境下，可以将治理方式制度化、体系化，从而发挥最大价值。人治因素干预所形成的"统治"与"管理"都无法形成真正意义上的社会治理。根据西方法律的历史经验，"变法"即由立法活动引起的制度变革，往往不能发挥理想的效果。这就引起了我国社会主义市场经济变革中的法制设计和法治环境的警惕，法制设计需要与本土社会生活相契合，才能构建一个理想化的法治环境。

1. 主体发挥能动性，运用法治思维、法治方式进行治理，排除干扰

完善中国现代法治，必须要依靠中国人民自身实践，运用理性，寻求利益最大化的纠纷和冲突的解决机制，制定一套适应发展需求的法治规则体系。首先，需要加强立法队伍建设，优化法治人才的培养环境，帮助立法人员尽快提升专业素质。其次，将地方治理公共事务作类型化处理，法律作为地方治理工具存在界限，需要端正法治意识。最终落实宪法规定的"在中央的统一领导下，充分发挥地方的主动性、积极性的原则"。最后，急需改变"行政机关依据法律程序，制定出台的均为行政立法"这样的错误逻辑。在法律不断更新，政府掌控社会主要资源的今天，当裹挟着法治的错误治理理念被放大和普及，地方治理主体必然会误入歧途。

2. 遵守法治规则

治理规则是为治理行为提供了标准和规范。使治理主体的治理行为完全依照法定程序运行，确保治理行为稳定有序。在法律支配的治理秩序中，权威主体的正当性源自合理规则的制度赋予，治理对象所服从的是规则而非个人，即对合理的规则与制度所形成的具有一般性约束力的规则的服从。行政立法在社会发展中具有重要作用，应承认地方差异并客观对待差异，保证法律体系的完整。地方政府在运用立法权时，应以此为基础和前提，与行政权、人事权、财政权达到合理、有效的配置。

3. 用法治调整利益冲突，实现法律价值与利益的衡量

推动改革，实现利益最大化，必然牵涉利益各方。对利益的再分配也就是调整法律关系的目的，需要法律制定者一开始处理好立法与改革的关系，既要发挥立法的引领作用，又要维护法制统一。在法律价值的实现过程中，可能出现合法但不合理的现象。当出现轻微的法律冲突时，应当严格依法办事；当出现严重冲突时，应当运用法的价值对成文法进行修改，以正当性、权威性获取利益各方的认可，也避免产生过程利益和结果利益驱动问题。除此之外，理顺立法机关与政府对口部门的关系，既做立法机关的手脚，也做立法机关的眼睛。使立法机关在繁重工作中通过"眼睛"了解利益冲突并解决问题。

二、地方治理下立法运行的法治轨道

毋庸置疑，赋予设区的市地方立法权具有时代必然性，符合国家治理现代化的发展趋势。但是，依法享有地方立法权的主体若要真正发挥

好地方立法的积极性，实现地方良法之治，依然任重道远。关键在于矫正地方治理与立法运行的现实偏差，创新规范地方立法运行的原则与模式，为建立正确的治理、立法关系，为地方立法的良好运行打下基础。有了运行良好的地方立法活动，才能有助于地方治理体系的巩固，这将是依法推进地方治理法治化的路径选择。法治包含着"规范公权，保障私权"的价值目标，地方治理法治化背景下的地方立法的研究以探寻地方治理下立法权力运行的法治轨道为基本目标，尊重公民的自由和自主，以实现节约国家治理成本，增加社会活力的最终目标。

（一）地方立法行政化向法治化转变

立法应兼顾公平与效率，以往的一些文章依据传统的法律理论或外国市场经济条件下的立法经验提出"法律应作为政府保护社会运转发展的机制而对经济活动进行干预"的理论，基于法制、外在于市场且均为公平的成文法的前提条件，容易出现为满足社会一时需求而去追求完美的法制，并驱使政府以"法律"进行无效或不划算的干预市场经济。换言之，地方治理下立法定位错误导致的是立法成为一种政治行为。建立地方治理下立法长效机制的步骤中，首先是完成地方立法行政化向法治化的转变，激发主体意识，强化立法的主导作用；其次是对立法权进行去行政化，在权力主体的地位上，作出以执权者为中心向公民为中心的改变。

1. 行政主体事权规范化、法律化

权力主体职能不同，通过行政权力的合理配置，使得"部门—权力—职能"相协调。政府在经济生活中肩负着宏观调控和管理的职能，应根据权力清单依法行政，对社会发展或行政管理中产生的监管盲点或立法空

白处，得以及时掌握情况。因此，政府对市场经济中出现的新问题、新矛盾的了解较为全面，如经济综合部门和行政执法部门对需要监管的内容较为了解，对新的变化掌握得及时，在立法起草时就更有针对性。发挥积极性和主动性，才能克服行政不作为，降低协调运行的成本，并提高行政效能。

2. 增强人大对地方立法的主导

一些部门或许受到各方面因素限制，在立法上不具备一定资质或能力，此时应从立法的角度解读立法领导与主导的内涵，健全有立法权的人大主导立法工作的体制机制，防止政府专权专横。第一是集中一支人才队伍；第二要坚持科学立法与民主立法，合法化匮乏的根源是法律的民主产生过程中的故障；第三要完善立法过程中的专家咨询机制；第四，健全监督纠错机制，并作为立法权不规范行使的最后手段。

换言之，"立法部门化"风险虽然产生于立法起草过程中，且屡遭学术界鞭挞，但是在我国立法制度下，立法过程中不可能规避行政机关的参与，甚至还应当积极发挥行政机关的作用。因此，人大在立法中的主导作用不仅表征为监督和引导，同时也要协调各部门或各方专业力量共同参与立法起草过程，平衡需求，对草案合法性做到全局把控。

3. 克服立法部门化弊端

在法律来源论中，G·F.普希塔在19世纪末主张，法律的产生不应该仅仅是政治立法者的事情，否则国家就无法建立在合法之法的基础上，也就是说无法称为法治国家。《立法法》第七十二条规定了设区的市立法的权限，这也说明了地方立法在解决本区域突出的社会问题、保障民生方面有着很大的空间，针对地方特色事务进行的自主立法必然成为地方立法的主流。在此过程中应当避免立法过度行政化，避免出现"地方保护主义"、立法为当地政府利益服务等立法权不合理利用等现象。追逐地方利益是现行地方立法体制改革困难的重要根源。因此，将设区的市立法纳入法治的轨道上，对于"地方保护主义"立法、政府保护主义立法、越权立法应坚决否定，不予通过。

（二）强化"软法"治理实效

在全球治理环境中，地方治理协同化、整体化的特征日趋明显。政治治理和民间治理是不同层次的地方治理，依赖习惯法和道德规范来实现秩序是民间治理的方式，而政治治理则需要依靠法律和行政机关制定的规范性文件等针对不特定多数群体的规范来实现。地方治理强调多元主体共同完成地方的公共服务和社会事务，解决公共问题。除主体多元外，还有方式的多元，以督查制度和行政问责机制的协同实施为典型的"软法"治理，将游离于行政立法以外的行政机关制定规范性文件贴上"软法"标签，并按照法治要求进行规范，正确推动制度化、法治化治理不断引领地方政府运行。

我国行政法学受大陆法系国家影响，在行政规则上区分为：行政立法和行政规范性文件。行政机关针对外部制定的非立法性规则，虽然没有明确的法律约束力，但构成了"软法"规范，这些规范能够影响社会规范，而且随着时间的推移，将影响"硬法"的发展。地方立法以其刚性治理成为衡量法治化的首要标准，除此之外，不可忽视"软法"效力。它对于增强地方行政规范的基础作用，强化规则的确定性具有重要意义。因此，"治理"的内容应当在提出地方治理下立法的完善路径的步骤中有所体现。换言之，完善地方治理下立法运行的长效机制还应当要求地方治理主体对法律规范、社会经济秩序、司法运行等进行全方位的了解，从而掌握治理要素的基本内容，方能因地制宜实施治理行为，使地方法治建设得以有效推进。

1. 把握"行政规范"的特性

法律作为一种需要被普遍遵守的规则，也属于规范性文件。由地方治理机关作出，对社会群体、组织、个人起到规范性作用，具有约束力但不具有法律强制力的规则称为其他规范性文件，包括，政策、"红头文件"、政府部门的社会管理办法等。"软法"不同于"硬法"：一是内容灵活性。"软法"在地方政府规范中已经普遍存在。相较于行政立法和区域行政联合立法，其他规范性文件甚至在数量上超出二者，占据社会治理的重要地位。涉及社会管理的各个方面，同时也是内部行政的重要依据。数量多、范围广的"软法"大量存在，为多元治理提供了充足空间，为解决外部社会、内部政府的利益分配问题提供了灵活的依据。

二是程序便捷性。秩序作为法的价值之一，要求法具有维护秩序的功能。因此，法必须具有稳定性和连续性，不能朝令夕改。"硬法"的制定和修改需要依法定程序予以作出，不会频繁地修改。但制定、修改"软法"的程序相对简便，弥补了"硬法"的这一短板，克服了"硬法"迟缓、僵硬的弊端，更能适应社会生活的变化。

2. 发挥"行政规范"的直接治理功能

从中观层面看治理与立法的关系及立法权与行政权力的界定，再从微观层面看地方治理主体发布的一般规范，地方治理主体对不合时宜、不合法规的权力有无及时清理，对不属于管控范畴的微观领域有无及时收权，甚至有无合理配置地方立法权力，都关系到立法活动能否顺利进行。在法政策学的研究视角下，从法律的视角审视政策是否适合或有无必要转换为法律，重心在于政策的合法性、正当性及可行性。在重点领域实施的行之有效的措施或行政行为，上升为立法应当以适应地方经济、社会、环境的长期发展为前提，以推动该领域法治化发展为目标，并参考学界争议的两大标准，即立法事项的"重要程度"及立法事项的"影响范围"，将地方立法的制定更为规范化、程序化。同时，应阻止利益主体为了获取更大的权力或为使行为具有法律依据，而任意将一般规范上升为立法的情况发生。因此，正视地方立法与一般规范的错位，矫正其运行偏差，关键在于把握一般规范的特性和发挥其效用。

将其他规范性文件统称为"软法"并呼吁发挥其效能，阻隔不必要立法的出台，使得政策与立法在不同的轨道发挥社会管理功能。在实施过程中应当注意：其一，强化规范作用。应对《宪法》《立法法》修改带来的地方立法的挑战，需要考虑立法的成本和效率，要实现政府治理体系法治化不仅需要立法的规制，更需要获得普通规则效用的发挥，相比法律这一特殊的规则，地方治理机关的其他规范性文件属于一般的规范，却能在治理环节发挥良性循环。其二，提升规范运行的实效性。行之有效的规范意味着需要得到行政机关的"执行"且能产生"效果"。强化规范的确定性，降低原则性规定，且明确各部门职权，提升"软法"一致性和有效性。

强调软法的作用，归根结底是希望政策的数量不致导致法律媒介不堪重负。哈贝马斯认为，实现的前提是，只有当以政治自主的方式展开权力体系所需要的民主程序受到损害的时候。换言之，法律应以民主方式产生，谨防政策披着法律形式的外套被制定出台。

第三章

法治化视域下的地方政府权力清单制度

第一节　地方政府权力清单制度概述

从近些年来的发展看，权力清单制度一经推出便被寄予厚望，其价值意义也得到了社会各界的肯定。权力清单制度经过中央到地方的大力推广，得到了不错的发展，各地政府及其部门的网站上基本都列出了权力清单或权责清单。但是，已初具规模的权力清单制度仍然存在着诸多问题。在探寻问题的解决途径时，从问题的本源研究往往是最有效的。权力清单制度作为政府的一次改革创新，并非凭空产生，它的发展离不开基础理论的支撑。

一、地方政府权力清单的内涵

（一）权力清单的概念界定

"权力清单为一种界定行政部门的行政权力的目录清单，其详细归纳了行政权力的各种相关事项，划定了行政权力的范围。"程文浩教授以公共管理的视角给出上述观点，因为不同学科的差异性，程教授给出了权力清单制度的实施对象，但其中却没有法制化的元素。关保英教授以行政法的视角为出发点，提出"权力清单是指通过一个文本（该文本或是正式的规范文本，又或是非正式的内部文本），对行政系统的行政权，包括行政系统作为一个机构体系的权力范畴和各职能部门作为一个非系统的职能范畴，乃至作为一个机构所享有的职能范畴予以明确列举并成为依据的行政法文件，或者不具有行政法效力的相关文本"。关教授站在行政法专业的角度上非常详尽地阐述了权力清单的概念，但归纳的文字篇幅过长，作出的表述相对不够简洁。

也有学者以实践的角度作为出发点，提出权力清单制度是政府及其部门或其他主体以清权、减权、晒权为主要内容的行政权力行使机制的改革，其本质上是为了给行政权力设置一个透明的制度笼子。同时为行政机关行使职权提供基本依据，也方便社会公众查阅政府行政职权。本书认为，权力清单是行政机关以相关法律、法规为依据，对其行政权力的范围、权力的界限、权力执行的流程等进行梳理，以便于公共查阅的方式将所属权力制作而成的清单。该清单应明确政府职权界限，各级行政机关依照清单划分的界限行使职权，政府所有权力均应在清单内列明。权力清单制度将行政权力以更加直观的形式加以清理、梳理和公开，同时也体现了政府依法行政的理念，这其中包含了滥用行政权力的问责机制。由于我国长期的封建社会历史，部分传统的观念在我国已经根深蒂固，深刻的影响着人们的思维方式，没有认识到国家权力属于人民。但是，自新中国成立以来，我国政府也在不断转变政府职能，强调人民的主体地位。国家的一切权力属于人民，在我国《宪法》中也有明确规定，所以说政府的权力源于人民也在情理之中。

（二）国家行政机关需要接受人民监督

根据我国《宪法》的规定，公民对国家行政机关依法享有监督权，这也是我国尊重和保障人权的体现。权力清单制度通过梳理行政权力，编制直观清晰的权力清单并公布，为民众行使监督权提供便利。接受社会的广泛监督，让行政权力在"阳光"下运行，有利于充分保障公民权益、防止行政权力被滥用和高效廉洁政府的建立，也是对人民负责的体现。

权力清单与行政法的关系。权力清单体现了政府履行信息公开的职责要求。根据不少学者的观点，权力清单的公布在本质上属于政务公开，主要是因为政府信息公开行为主体是行政机关，内容是行政机关在行使职权事项的过程中搜集的信息，最后通过各种媒介向社会公众公开，以上是政府信息公开在三方面的形式要求。对比权力清单的公布要件来看，与前述信息公开的三方面形式要求基本符合。根据前述研究，权力清单是政府及其行政部门，通过对自身行政权责的梳理、归类、编制形成的表单，并向社会公开。可以看出，在主体方面，两者基本一致，都是政府及其行政部门。在内容上，政府信息公开指的是政府及其行政部门在行使行政职权的过程中得到的某些资料数据等。权力清单是关于行政机关的权力事项的公开。它的实施主要是为了在向社会公布政府信息、接受公众监督、促进政府转变职能，这与信息公开的意义不谋而合。同时两者都旨在限制政府权力对市场经济进行过多干涉，防止行政权力被滥用和保障公民的知情权。综上所述，权力清单具有某些政府信息公开的形式和作用。

二、权力清单的性质

权力清单制度是政府的行政行为趋于完善的一项制度，自实行以来，在政府的大力推进下取得了良好的成绩，也受到了人民群众的支持。但是因为权力清单没有非常明确的法律性质，以至于权力清单制度在落实过程中暴露出了很多缺陷。同时，有关该制度的性质问题上，理论学界也存在很多的分歧。

第一种观点认为政府权力清单制度属于政务公开，它的基本作用是让政府行政权力透明公开，此观点以申海平学者为代表。但是这样的观点产生于《政府信息公开条例》（以下简称《条例》）的一系列的规定，可以说是对权力清单的解释。《条例》中规定的权力清单，属于政府信息的主动公开。它的最基础的作用是将权力放在"阳光"下，接受群众的监督，是行政透明的关键，不划分权力的界线。另外在理论学界，很多学者将权力清单视作官方发布的主要信息，并且将这种信息在媒体上予以刊载，信息的主要内容包括了政府部门的行政职能，以及政府的行政程序等方面，这完全符合法律规定。与此同时，这一观点认为权力清单并非属于行政规范文件范畴，政府职权行使并非以此作为依据，其既不能被认为是法，也不能被认为是规范性文件。

第二种观点认为，政府权力清单应当被划归到规范性文件范畴当中。这一观点也为多数学者所支持。莫于川教授表示，作为规范性文件的一种，权力清单呈现出双向指导功能特质，不仅仅能够面向行政机关进行约束尺度，同时也能够促进民众进行依法办事。崔红教授表示，进行权力清单制定的政府行为是抽象行政行为。因此，行政规范性文件应当将权力清单纳入其规制范围。解志勇教授表示，在实践中，权力清单的公开工程必然会导致权力转移或合并现象的出现，此事，将权力清单定性为政府信息公开并不适宜。因此，将其认定为规范性文件更为合适。赞同第二种观点的学者并非认为权力清单不应当具有信息公开性质，反而认为其符合政府信息公开之构成，但是仅仅立足于政府信息公开这一特质而言太过于片面。公开仅仅是权力清单的形式之一，其中更为重要的还包括对政府权力所进行的审核及清理。对权力清单制度而言，其所存在的意义不仅在于促使政府权力公开透明，同时对政府权力还起到简化作用。所以，该观点表示权力清单应当归入行政规范性文件范畴之中。

第三种观点认为，权力清单应当被定性为行政自制规范，这一观点是由喻少如教授提出的。权力清单并非属于法律授权产生的，而是政府为实现简政放权同时又符合行政规则之特征的创新形式。尽管权力清单表露出反复使用性、普遍性等归属于规范性文件之特征，并表露出规则创制现象，但是应当明确的是其指向对象并非行政相对人，而是下级单位机关及人员。在这一层面上来讲，权力清单并不符合行政规范性文件所应当具有的含义。在外在表现形式层面，权力清单也同行政规范性文件呈现出较大不同。这一观点为权力清单制度之认定提供了全新视角，对其规范性予以肯定，但是在其对外法律效力层面予以否定。

学界还存有其他不同观点。以王春业观点为例，其表示权力清单体现了地方政府在依法行政的要求下对行政权进行细致梳理，以行政部门特点为出发点进行行政权列举的活动。因此，其本质上而言是细化整合行政法律、法规的表现。

综合上述各种观点，通过对权力清单进行多方面分析，主要从权力清单的目标、编制主体和程序、外在特征等方面进行论证，认为权力清单应定性为行政规范性文件，具有明显的法律效力。

首先，权力清单的目的在于限制行政权力，防止权力被滥用。《政府工作报告》中也多次强调其这两点功能，这是权力清单的应然功能和目标。权力清单在编制完成后必须及时公开，接受公众的监督。同时中央和各地政府也不断强调"清单之外无权力"，虽然这种观点有过分夸大权力清单功能的成分，但在政府编制公布的权力清单足以使公众产生信赖。基于信赖保护原则，公众的信赖利益理应得到保护。同时，我国政府期望权力清单的公开，使政府权力接受公众的监督。如果说权力清单是政府内部文件，没有外部约束力，将导致公众对权力清单的信赖利益无法受到保障，公众对清单的监督热情也不复存在，权力清单的公开也就会失去意义。

其次，政府部门编制权力清单的活动具有准立法性质。权力清单的编制不仅仅是对现有法律、法规的简单梳理，编制过程中会涉及行政权力的"增、减、下放"等内容，从而涉及相关法律、法规的"立、改、废、释"。同时，在权力清单的编制中通过对权力的"取消、调整、下放"实际重新分配了行政权力，从而影响相关法律、法规中对权力事项的分配，从上述方面看这些都具有一定的立法性质。

最后，权力清单由政府机关编制，而且具有普遍、反复适用的特征。权力清单在编制过程中依照相关文件的要求，对行政权力进行编制的同时还需要对权力进行清理。通过清理、整合按照一定形式编制的权力清单，在编制完成后面向社会"不特定对象"公开，具有普遍、稳定和反复适用的特征。

三、地方政府权力清单制度的理论基础

（一）控权理论

一直以来，法治国家建设都是文明国家的不断追求，良法善治是其中不可忽视的精髓所在。权力的存在暗示着腐败可能产生，腐败则是表现为权力被予以滥用。行政机关在进行权力行使时通常会借助越权方式及自我授权方式实现权力的更多获取，容易产生权力被滥用等问题，最终滋生腐败。唯有实现对权力的限制及监督，将权力置于制度的牢笼，才能预防上述现象的产生，人民权利才能得以维护，最后使我国法治建设得到不断深入推进。

在传统的控权理论当中，"三权分立"、权力制衡等理念被予以倡导，并且在此基础上不断寻求新的制权方式。在某种程度上，传统控权达到了自身所追求的限制目的，但仍然不能杜绝行政权的扩张性所导致的弊端。尤其是在福利社会盛行状况下，原有控权模式已经不能再掣肘于"大行政"，法律手段便成为规范权力的一大重要武器。洛克表示"不遭受制约之权力不可谓之为政府权力，应由法律实现其界限的划定，政府权力也应当为公民生命、财产、自由之保障"。在现代的控权理论中，法律控权理念被予以广泛运用，行政权力之行为必须在法律规定范围下，行政权之行使在于为公民服务，行使过程应当受到监督。该控权理

论之基础便是法是良善之法，是自然正义及理性的延伸。

我国并没有使用三权分立这一传统控权方式，而主要是借助人民代表大会制度实现对政府权力的监督。我国一切权力属于人民，人民代表大会是人民行使国家权力的机关，行政机关由其产生、对其负责。人民代表大会赋予行政机关以行政权力，行政机关依据法律、法规行使权力，不得逾越法律。就我国来讲，《宪法》处于至高地位，这是实现行政法治的本质所在。依据《宪法》及《中华人民共和国人民代表大会组织法》及一些行政法律、法规，我国的行政层级和行政权力都已明确。所以，从整体上看我国在法律制度上已然形成了系统的权力控制体系。然而需要注意的是，行政管理具有相当的复杂性，行政权力也具有多维度特征，对于法治建设的深层次要求，现有的行政权运行程序还未完善。或者可以这样表示，"借助法律制约权力之范式"尽管在一定程度上实现了权力控制，但是依旧存有缺陷，具体来讲表现为下述两个层面：一是权力可以进行法律制定，行政机关可以借助立法实现"自我授权"；二是法律呈现为单纯文本状态，并不能够实现监督效用的直接发挥。所以，应当探索相关制度构建，实现同法律的配合，进而达到监督权力之新路径的构建。

在创新权力监督模式层面，权力清单制度提出了清晰思路，即借助法律、法规清理，对政府权力予以列举，明确需要取消及需要简化的权力等，并将此进行公示；在政府权力运行层面，借助流程图方式予以明确，做到精简政权，提升行政效能。由此，权力清单制度可以使静态政府权力受制于法律约束，动态政府权力受制于程序管控。于法律、法规控制下，政府行政权能被予以具体化，实现了可视化运转，真正促使权力在"阳光"下进行。这不仅仅实现了职权法定精神，同时也借助流程图方式实现了执法的程序性保障，对其自由裁量权予以有效规范，我国一直以来的行政程序法缺陷现状被予以弥补，通过动静态结合的方式达到了行政权力监督目的。

（二）行政公开原则

行政公开原则产生于20世纪中叶。在"二战"后，人们痛定思痛，总结法西斯统治的教训，认识到对政府行为进行监督的重要性。由于行政权力的天然扩张性，再加之没有足够的监督，容易产生行政权力遭到滥用、公民权益被严重侵害的结果。之后，人们要求行政公开的呼声日益高涨，在经过一段时期的快速发展和推广，行政公开逐渐成为现代社会行政活动所遵循的一项基本原则，各国也据此分别制定了相应的法律、法规。

行政公开原则指行政权力的依据、过程和结果等向社会公众公开，使相对人和公众知悉。行政公开原则要求政府在行政立法政策、执法行为、行政裁决和复议、政府信息等方面进行公开。可以说，权力清单将政府行政权力进行梳理公开，在接受社会公众的监督、限制行政权力、保障公民的知情权等方面都充分体现了行政公开原则的要求。

权力清单制度和行政公开原则的目的相一致，在公开政府行政权力和接受公众监督方面具有重要意义。"阳光"是权力最好的防腐剂，权力清单通过对政府行政权力的公开，使公众知悉政府的权力范围，使行政行为在公众的监督下行使，有效防止权力被滥用。同时，政府坚持行政公开原则，可以强化政府信息公开和接受公众监督的意识，促使其从自身方面规范行政行为，保障公民合法权益，这些也都符合行政公开原则的应然要求。

第二节　地方政府权力清单制度的现状及存在的

主要问题

一、地方政府权力清单制度的现状

权力清单制度经历了一个从萌芽状态到初步形成并不断完善的过程，可以清楚的看到，权力清单的孕育、产生并不断发展是以我国不断深入的法治进程为前提的。我国法治建设的深入推进，为权力清单的孕育、产生和发展提供了土壤，同时权力清单制度的发展也表明了我国法治理念的进步，对我国建设法治政府具有重要的促进作用。权力清单制度在党的十八大提出以来，经过我国中央政府的大力推动，已经取得了不错的成果。各地政府也在权力清单制度的实践过程中不断丰富和发展着这一制度，从而也形成了各具特色的地方政府权力清单。通过对比各地政府权力清单制度的实施情况，对权力清单制度的实施效果、实施依据、发布内容和事后监管方面进行分析，以期对该制度的实施现状作出相对全面的研究。

在制度实施的效果方面，各地政府权力清单的实施效果与公众查阅便捷度存在显著差异。首先，通过推行权力清单制度，各地政府对行政权力进行系统的梳理，并在梳理行政权力的过程中取消和下放不符合规定的权力事项，达到了对行政权力"瘦身"的作用。权力清单的梳理，为政府行政部门正确行使职权提供指引，明确了行政部门的权力边界，有利于政府职能转变，提高政府行政部门的行政效率。其次，通过清权厘权，政府行政部门取消了没有法律依据的权力事项，减少了行政权力对市场经济活动的过多干预，释放了市场的活力，促进市场经济发展。最后，权力清单通过各种媒介向社会公开，有利于社会各界对政府行政权力的监督，方便公众查阅相关事项的办理流程，同时也提升了政府公信力。但是，各地政府权力清单的公布形式标准不一，给公众查阅带来诸多不便，甚至部分地方政府权力清单还需要打包下载。例如，吉林省政府权力清单以压缩文件的方式，将所有行政权力事项归入一份表单内。相比而言，湖北省、浙江省等地政府权力清单的体系化分类设置则更加合理，也更加易于公众查阅。

在制度的实施依据方面，权力清单在我国各地的推广依据主要是中央精神的指示，缺少相关法律、法规的规定。在十八届三中全会《中共中央关于全面深化改革若干重大问题的决定》（以下简称《决定》）及十八届四中全会的《中共中央关于全面推进依法治国若干重大问题的决定》中，都提出要求地方各级政府及其部门要全面推行权力清单制度。2014年，夏季达沃斯开幕式中，李克强总理提出政府需要制定"权力清单"，促使政府合法、合理、高效地行使行政权力，履行职责。2015年，中办和国办联合发布的《关于推行地方各级政府工作部门权力清单制度指导意见》中，也明确提出省、市、县政府需要落实各部门的权力清单公布工作。2016年，在《关于全面推进政务公开工作的意见》中，提出全面推行权力清单、责任清单、负面清单公开工作。

在权力清单的内容方面，各地方政府的权力清单编制都比较完善，相比较而言，责任清单的推进则稍显滞后。多数省份将权力清单和责任清单合为权责清单进行公布，有些省份缺乏责任清单，整体上看各地政府对责任清单没有足够的重视，责任清单的制作工作不够完善。在权力清单制度的创新方面，也有省份对相关的配套清单进行了完善，并取得了不错的反响。以浙江省和吉林省为例，对比两地政府权力清单工作的实施状况。浙江省政府"四张清单一张网"的改革创新，建立了统一的权力清单系统，通过浙江政务服务网，公众可以实现"一站式"检索全省各级政府权力清单。浙江省政府的此项改革，实现了地方政府权力清单的体系化，在促进政府职能转变和激发市场活力方面效果显著，同时也对我国其他各地政府权力清单工作的推进具有重要的参考价值。吉林省的权力清单体系略显杂乱，一方面成立了完整的权力清单体系——吉林省政府部门行政权力公开体系，每一级政府可以于政府门户网上设置其权力清单。但截至目前，该权力清单体系仅仅可以搜寻到省级部门的权力清单，而且相应的权力具体内容也不尽完善。另外，在市州不同地方政府的权力清单体系显得更加分散独立。和吉林省相比，浙江在2016年就已经对"四张清单一张网"进行了体制深度革新，其权力清单系统已初具体系化。同时，该清单也已经可以在地方政府的乡镇街道的网站上查阅。该省已经形成了利用相应的权力清单链接搜寻其他各级政府权力清单的完整体系，公众也可以从当地政府的门户站上搜寻权力清单链接进入其中，而后就能够查看各级政府的权力清单。

有关系统设计的构建方面，各地政府关于权力清单的体系构建存在较大差异，各地政府的相关探索程度差距较大。以浙江省和吉林省为例，吉林省各级政府权力清单互相独立，权力事项多以政府部门和行政权的种类实现划分。而浙江省应用的统一系统，所有政府都应用统一的网站设计，依据种类和部门实现区分，同时具备相应的搜索栏，对于行政共性权力和审核转报进行公示。除此之外，浙江省的权力清单体系网页的内容较详细，划分也更为明确。第一，其具备中央垂直机构在浙机构的权力清单，可以更加快捷地找寻中央垂直机构相关的权力清单。第二，其具备权力清单相关的调整动态记载链接，这一举措影响非常深远，这意味着浙江省已然实现了清单的实时更新。第三，相关的行政权力进一步分为省级、市和县（区）区域管筹，其中尤为人性化的内容在于对其二者的内容和审核转报、共性权力两个学术名词实现了细致入微的阐述，进一步保证浏览者能够知道其意思，快捷地找寻到其希望找寻的内容。浙江省的权力清单体系和其体系设计已经做到了相对完善的地步，其构建的省政务服务网把权力清单等权力公布内容和事项进度查询等一系列政务体系归纳到统一的框架里，用网页链接的办法实现整体的相互沟通，不仅大大便捷了百姓的政务问询方式，也大大减轻了政府的负担，可以说是一种双赢的应用策略。

就我国国内而言，多数省份的政府权力清单的体系化设计已达到浙江省的水平，形成了完整的权力清单体系。尽管如此，仍有部分省的政府权力清单体系存在许多不足之处，众多地方政府的权力清单没有形成体系，内容设置不够完善等。部分省政府的权力清单网页相当细致、公众查阅体验良好，但相对应的基层区县政府的权力清单网页就显得非常随意，甚至在政府执政权力的公布方面也有所保留。以吉林省为例，因为其不具备完整的权力清单体系，部分城市的权力清单网页不完善，类似市政府如松原、通化等的权力清单网页甚至不具备最基础的种类区分和搜索一栏，所有职能部门的权力清单通过压缩包的方法呈现，非常烦琐，某些地区政府不具备完备的权力清单网页，只能够用相应的数据公示权力清单专栏，公示所有部门的权力清单的附属文件。

在权力清单的事后监管方面，监督问责机制流于形式，我国现阶段没有具体的规章制度规定对不依法公布清单的政府部门如何处理。但在《条例》中规定，有"不依法履行政府信息公开义务的"和"不及时更新公开的政府信息内容、政府信息公开指南和政府信息目录的"两种情形的，由监察机关、上一级行政机关做出相对应的问责处理。依据此项条款，在互联网上检索因未完全履行政府信息公开而被问责的相关信息，目前能得到的仅有一例。即2016年11月"儋州市商务局网"因首页长期未更新而被国务院办公厅通报问责，但至今还没有出现相关责任人因未完全履行权力清单公开被问责的情形。权力清单的公布通常被认为是政府履行政务公开的职责，而在政府信息公开的监管方面，我国主要依赖内部监督，并且往往在造成一定后果时才启动问责程序。在外部监督方面，由于社会公众缺乏监督渠道，造成了公众监督热情不足的现状。在缺乏各方监督的现状下，权力清单制度的实施过于依赖地方政府行政部门自身能动性，不利于权力清单制度的长期高效推进。

二、地方政府权力清单制度存在的主要问题

通过对上述现况的进一步探究，本书发现国内很多地方政府权力清单制度在实践中具有不同程度的问题，通过对相关的共性问题进行侧重分析，也就相关个性问题进行探索，希望能够发现该制度存在的问题。综合分析，本书认为地方政府权力清单制度在实际应用时大体存在四个方面的问题：相关法律法规不完善、权力清单法律属性不明确、相关配套制度不健全、查审监督机制不到位。

（一）缺乏统一的法律、法规规制

法律、法规不完善是地方政府权力清单制度推进中需要解决的首要问题。相关法律、法规之间具备位阶差异，如果不同法律、法规之间出现冲突，会有相应的解决办法。如果能够把权力清单纳入法律、法规系统中，将有助于从根本上解决地方政府权力清单推行中的诸多难题。但是，就目前现状来看，不得不承认权力清单制度的顶层政策有着相当严重的短板。地方政府的权力清单包含着繁多的行政权力，并针对性地指明了公民的权利和义务，但其权限界定、编制程序、执行制度、应用体制却不具备相关法律文件的支持。该制度的运行机制是基于我国自上而下依靠不同地区的地方政府推行的。其中具有代表性、权威性的中央法规政策，是国务院办公厅和中共中央办公厅联合印发的《关于推行地方各级政府工作部门权力清单制度的指导意见》(以下简称《指导意见》)，这面向国内每一级政府的集体政策，除此之外，都是国务院直属机构下发的部门制度，大都通过"指导意见"和"通知"的方式下发。上述文件都可归入政策范畴，不具备法律效力，不能够对权力清单在法律范畴进行规范。所以，其有关行政权力的约束情况不明朗，行政机关自然会在利己的角度对权力清单进行阐释，权力清单也就无法在相应的诉讼案件起到应有的成效。

1. 权力清单的编制主体有违程序公正原则

不同区域的地方政府对权力清单进行推行时大都以其自身相关部门或地方法制办自主清理、公布权力范围。这其中具备较大的缺陷，没有某一威信力高的机构对清单进行规范和监管，权力清单的初衷便不复存在。另外，权力清单制度的目的主要是限制政府行政部门及其执法人员的权力，在既是裁判又是运动员的情形下还缺少权威性法律、法规的规范，将会无法避免的出现行政机关包庇有关切身利益的现象。因为行政权力的行使更重于保障公共直接权益，当出现与个人切身利益相冲突的情形时，势必有一方会有所损失，所以处于不利一方的行政相对人的利益会更容易被侵犯。由此，必须在根源上尽量限制相对强势一方的行政权力，这对于相关法律、法规的完善需求也更显迫切。

2. 权力清单的形式不具有统一性

权力清单的初衷之一是通过对现有权力的梳理以期实现政府行政权力的精简，但是在缺乏相关法律、法规的指导和约束的情况下，不能达到预期成效。在以精简行政权力事项的数量作为衡量权力清单成效的标准下，各地政府痴迷于对数量上的减少，并没有对权力实现程序性构建。权力清单的相应法规制度过于注重形式，相应的法规制度并没有详细规定如何编制，严重缺乏统一的制作格式及编制流程。不同省市在推行权力清单时，都不具备相对完整、全面的法律法规指导，大都自主制定编制程序，不论是发布或是批复上都较为随意。地方政府为实现上级所布置的清权目标，部分行政机关在进行先前工作时，先把整体的权力划分为基数庞大的小项权力事项，再在之后的清单事项划分时将拆分后的相关权力进行整合汇总，打造权力已经得到清理的假象，这就让权力清单制度变成了赤裸裸的"数字游戏"。另外，导致清单中的事项类别迥异的缘由包括很多方面。表面上看，《指导意见》中所规划的权力种类划分略显粗糙简略，深层因素在于其推出实行的时间略晚，公布时很多省市早就已经按照其他的方式设计了相应的权力清单，并对公众发布了相应的内容。同时，在对权力清单进行细分时不难看出，基本上所有的行政机关或相关部门都存在"其他权力"这一内容，在行政权力划分时出现部分权力难以规划是可以理解的，同时此种设计的存在也情有可原。但是，"其他权力"也导致了这样的问题：每一确切的行政权力都存在特殊的运行机制，如果把难以划分的权力全部都归为此类，就无法保障权力的监督机制发挥作用。

3. 权力清单的内容不具备统一特征

按照不同区域的客观状况来看，各地方政府权力清单在清单内容方面存在较大差异，不具备统一的特征。党在十八届三中全会的《决定》中仅仅提及"确保各地方政府及相关部门对权力清单制度的推进实施，依法公布权力运行的机制"，但其中对于运行准则、编制标准等都没有进行明文规定。权力清单中的权力主要是指我国行政机关的行政权，其呈现方式较为抽象，具体标准不明朗，而这种情况大体呈现在三个方面：权力类型、权力依据、部门职权。

权力清单事项类型划分标准不明确。从《指导意见》中可以看出，其所界定的种类划分过于广泛，仅仅说明该清单可通过行政许可、裁决、强征、给付、检查、确定、奖励、处罚和其他类型的分类办法进行参照，但却并没有公布该分类的具体基准要求。以河南省、山东省、湖北省、吉林省四个省级政府网站查阅权力清单为例并作出对比，结果显示：首先，从权力清单的分类上看，河南省政务服务网上的权责清单是按照部门来划分的；山东省政府权力清单按照部门和类别划分；湖北省政府权力清单也是按部门和类别划分；而吉林省人民政府网公布的权责清单则是用表格形式将所有部门和行政权力囊括在内。其次，从公布的部门数量上看，河南省政府公布的部门有44个，山东省是55个，湖北省是59个，由于吉林省政府权力清单的设置问题，查阅过于不便，数据难以统计。最后，从部门权力划分上看，以四省司法厅为例，河南省司法厅公布的权力事项共56项；山东省司法厅公布事项37项；湖北省司法厅公布事项共48项。至此，仅从大数据上来看，各地政府的权力清单的公布的方式、事项的数量就相差甚大，清单的呈现形式、用户体验和内容也差异较大。

（二）权力清单的性质界定不够明确

首先，国内学术界有关权力清单的法律属性没有进行深刻探索。通过分析可以发现，我国的权力清单制度是"自上而下"的制度改革，其产生的直接原因在于相关部门对行政权的肆意行使、权力界限不明朗、权力监督体制不完善。为进一步提高社会公众对行政权力行使的满意程度，我国开始在不同地区进行试点后大力推进地方政府的权力清单制度。换言之，其对于时下的体制政策创新而言是"及时雨"，但也会不同程度地发生"重治理轻法治"的情形。正由于权力清单制度"及时雨"的应急特点，让社会学者在制度探索时大都通过行政管理改革的角度进一步剖析，从而忽视了其"法治"层面的意义。本书对"权力清单"相关内容在中国知网进行文献搜寻，发现诸多的学术研究都是以行政管理的角度深度探究权力清单制度如何推行实施，很少就权力清单制度的法律属性上深刻剖析该制度。只侧重于有关"末端"权力策略的规划，只在大局上对行政权力进行设置和汇总，这可以说是与以"治理"为价值风向标的改革方向相悖。

其次，由于当下权力清单体制的法律属性并不明朗，对应的学术界也是众说纷纭，使地方政府权力清单在司法实践运用中居于窘迫的处境。在中国裁判文书网统计中发现，我国最高人民法院有关权力清单的裁判文书有9份，但是其中明确权力清单的法律属性，具备法律效力的裁判文书却仅有1份。其中，案号为（2017）最高法行申8354号的再审案中，有关再审的申请人请求被申请人拆迁违章建筑的诉求，最高人民法院有关裁定书的说理内容提及了法律、法规和行政部门的权力清单，认定被申请人不担负拆除违法建筑的规定责任，驳回了申请人的再审诉求。在该案件中：人民法院一方面认定责任清单和权力清单具备法律效力；另一方面还把其认定为行政规范性文件。对于另外的8份裁判文书，人民法院在相关的说理内容并没有有关权力清单的解释，未指明其法律属性和效力。

我国最高法有关权力清单的判决案例表达了我国法院在应对相关案件时的主观态度，这就意味着有88%的可能性我国法院不会就权力清单的法律属性、效力实现评判。虽然很大一部分诉讼参与者在诉讼时对于该清单表示信赖，并作为诉讼"证据"，但依旧不能够明确该清单是否具备法律属性或是法律效力。诉讼参与者和我国最高人民法院有关权力清单法律属性、效力的看法，和学术界有关权力清单本质的探索存在相当大的联系。时下，随着权力清单制度的进一步落实，再伴随着不同地区政府作出的"清单之外无权力"承诺，社会公众对权力清单的依赖性只增不减，但是就目前的相关法律规定却不能够保障公众的切实利益。这一情形的发生不得不令人疑惑，但这同时也是该体制深化实行时不得不面对的难题。

（三）配套制度不够完善

1. 地方政府权力清单制度缺少体系构建

目前，在横向同级政府间和纵向上下级政府间的权力清单制度权力清单缺少密切联系，没有形成统一有序的体系。目前，权力清单制度的推行已经初具规模，其雏形已经显现，基本框架已经逐渐清晰。但是由于缺乏统一系统的上层设计，导致该制度不够系统完善。一方面，权力清单制度的内部构造不够统一；另一方面，各层级政府间的清单也缺乏紧密的联系。就各省市公布的权力清单现状而言，很多省份的权力清单体系不健全，每一阶层的政府权力清单自成体系，个别区域的政府权力清单公布网站不完善。构建统一有序的体系对完善地方政府权力清单制度具有重要意义。因为相关的权力清单法规体系中并不具备对完整系统的硬性要求，所以各地政府都是在一步步探索中打造具备当地特征的权力清单体系。构建完善系统的权力清单制度具有重大意义；一方面能够促进地方政府打造完整度高的权力清单，有助于提升政府公信力。另一方面可以确保政府可以随时更新权力清单的内容，尽可能减轻政府编制权力清单的担子，同时最大程度上方便百姓对当地政府权力清单的问询，从而推进权力清单制度的平稳、有序、快速发展。

2. 动态管理机制不健全

因为相关法律、法规的不断更新和行政部门职权的不断调整，会导致清单的相应内容与之产生不一致的现象，所以一系列的动态调整机制是必不可少的。权力清单作为一次制度创新，并不是一劳永逸的，社会的不断发展、我国相关法律法规的立改废释、政府行政部门的调整等众多动态因素都会对其产生影响。基于此方面的考虑，权力清单的动态管理机制也是完善该制度的关键。《指导意见》明确指出，公示权力清单后，必须根据法律法规的调整、行政机关结构和职能变更状态等，第一时间修改权力清单的相关内容。同时将清单公示于众、实现权力清单的动态把控和有效管制。当下，在不同省份的权力清单相关网页上，浙江省政府就设置了权力清单变更记载链接这一内容，在该链接中可获知权力清单的变更情形，相应的变更包括行政权力的增加和修改等方面。其客观动态的管理办法给予了权力清单充分的调整空间，促进了地方各级政府提升审慎用权的意识，实现了权力清单体系的动态运行管理。多数省份以传统办法对权力清单实现调整变更并公示，其时效性就很难经受得住考验。除此之外，公众也无法第一时间就相关内容作监督，不利于保障公众对行政权力的监督。

3. 权力清单配套制度不健全

权力清单制度的重要意义得到了许多肯定，但是仅仅依靠着单一的权力清单制度还不够，同时还需要构建更加全面系统的清单制度体系。权力清单制度是我国政府将行政权力清单化的一次创新，这开启了政府将权力"晒在太阳下"的进程，通过类似的尝试可以为我国政府今后的改革提供良好的借鉴。在诸如此类的实践中，我们已经可以看到权力清单制度的推进有着不错的发展前景，所以不应该满足现状、止步不前，而要抓住契机进行一系列的有益创新。要以权力清单制度为基础，不断丰富相关清单制度的推进，努力完善相关配套制度的构建，致力于打造系统完善的权力清单制度体系。

首先，需要完善地方政府责任清单制度。尽管在《指导意见》中已经明确提出各地政府要在推进权力清单制度的同时制定相应的责任清单，但是责任清单却没有受到应有的重视。尽管众多地方政府将权力清单和责任清单合为一张"权责清单"，但政府责任清单的编制工作多流于形式。多数地方政府的责任清单编制存在许多问题，在形式上，各地政府的责任清单更加多样化，可谓是五花八门；在内容上，责任清单内容简单粗略，多流于形式，诸多地方政府责任清单都存在缺少责任事项依据和有效的监督投诉路径的情形。根据权责一致的要求，政府在行使行政权力的同时也承担相应的责任，不可偏废。但地方政府在推行权力清单制度时会习惯性的积极列明权力，消极承担责任。责任清单制度作为地方政府权力清单制度的重要组成部分，对于地方政府权力清单的协调发展具有重要意义，有利于政府坚持"有权必有责，用权受监督"的行政理念。

其次，相关清单制度的建立和完善具有重要意义。负面清单、公共服务清单、政府财政专项管理清单等相关清单的设立，能够从多方面对政府权力进行监督和制约，重要领域的清单公开制度可以有效的防止行政权力的滥用，使政府更加透明的行使权力。国内有关权力清单体制推行发布时，一些省份也对权力清单的配套制度作出了创新尝试。通过建立多种清单，可以在极大地方便社会公众办理相关事项的同时，还可以使政府行政部门在多方面接受监督，减少权力寻租空间。例如，浙江省政府推行发布的"四张清单一张网"，通过此种方式丰富和发展了政府清单制度，可以促使行政机关积极履行职能，保障公民合法权益。其中的"四张清单"主要为：行政权利、部门职责、企业投资负面清单、财政专项管理资金清单；同时，构建省、市、县一体化的政务服务网，达到全省网络事项服务入口的一体化服务便是这里所说的"一张网"。另外，从每个省份发布的权力清单配套制度可以发现，多数清单中的部门职责清单较为健全，地方政府在发布权力清单时也会发布职责列表。就已然公布的省份来说，配套清单和相应的权力清单都是同时发布的。所以，构建统一的配套清单体制也是非常重要的一部分。在相关的政务系统上能够增添相关配套清单制度，可直接在系统上实现清单的发布和更新，能够促进地方政府职能部门健全不同类型的清单，另外也保证了监督机制的公开、透明。

（四）审查监督机制不到位

如果说用法律约束政府行政权力，要求政府依法行政是将权力关在"笼子"里，那审查监督制度就是笼子上的那把锁。权力清单制度作为一项约束政府权力、保障公民权益的制度创新，为了防止该制度疏于监管而流于形式，完善相关的审查监督机制刻不容缓。权力清单由政府自身相关部门梳理编制，虽然便于对庞杂的行政权力进行整合，但也存在着"自己做自己的法官"的嫌疑。总之，完善的审查监督机制是保持权力清单制度高效运作的保障，完善相关制度具有重要意义。虽然权力清单体制已于我国实施了数年之久，但因为权力清单相关的规定中不具备严格的审查机制，监督办法也是过于注重程序化，这就让部分地级市和部分区县政府有关权力清单的发布流于形式，相应进度非常缓慢。

尽管各省政府的权力清单制度进展较为迅速，但诸多省份的市政府及区、县政府的权力清单进程却显得非常迟缓，特别是不具备统一的权力清单体系的省市。例如，吉林省一些市级政府公开权力事项部门的大都是政府相关工作部门，并没有涵盖垂直管理部门，相关《指导意见》

中确切说明相关垂直管理部门所在地的必须对相关行机构的权力清单实现公开发布，必须和地方政府的工作机构权力清单实现衔接。很明显，很多地方政府行政部门在其公布权力清单的网页上并未和相应的垂直管理部门建立联系。除此之外，政府相关职能部门对相应的权力进行公开时，大体也只包括两方面内容：行政处罚和其他行政权力。时下的监督体制本就是"软肋"，对应省政府并未对其作出足够的重视，所以不同地区的地方政府就权利清单政策的实施上普遍存在消极怠工的现象，相应的监督机制流于形式，很容易为滋生腐败提供土壤。

权力清单体制的初衷在于不同地区政府能够对其行政权力进行公布公开，保证行政执法权力的透明度，强化对政府权力的实时监督。但时下，每一级的行政机关既起到了清单编制的作用，又起到了执行清单的作用，又因为缺少行之有效的审查机制，相应的公开监督办法也无法起到实质性功效，流于表面。相关《指导意见》对监督机制并没有明确要求，只论述了相关法律法规在审查形式、结果根据相应的规章制度必须通过同级党委、政府审核的硬性要求，垂直管理部门的所在地具备行政行使权的部门，该部门的权力清单必须通过上级单位的合法性、必要性和合理性审查，相关其他内容只在大体上希望所有部门都根据权力清单执行各自的职责，进行高效的权力监督体系。如果缺少确切完善权威的审查机制，相应的监督效果依旧维持于政府的自我规范范畴。除此之外，在外在监督方面，相应的权力清单监督办法也仅限于公众电话投诉问询，而接听者一般也是政府相关部门，根本不能够发挥理想的监督效果。

地方政府将权力置于"阳光"下运行，这对于政府消除贪污腐败、实现依法行政有着重大的促进作用。政府行政部门在权力清单中所列明的权力事项是否合法有据；其是否会按照清单履行职权；其行政权的行使和权力清单又是否完全一致。这些问题都是地方各级政府无法避免的难题，倘若这一系列问题不能够实现客观公正的监督审查，该制度也就无法得到长期高效的推行。

第三节　完善权力清单制度法治化路径的创新策略

前面分析了我国地方权力清单制度的运行现状及存在的主要问题，在此基础上，结合我国相关的实践经验针对上述问题提出相对应的建议。

一、完善地方政府权力清单的相关法律、法规

目前在推行清单制度的过程中存在着一些不足之处，想要完善这些不足，关键就是要完善相关法律、法规。我国政府一直强调依法治国、依法行政，但是在缺少相关法律、法规的指导和制约下很难实现更深层次的改革。权力清单制度一直依赖着相关的政策文件的指导，但是如果期望权力清单制度能够稳固发展并发挥应有效用的话必须尽快制定完善相关法律、法规，这样可以从根本上促进权力清单制度的完善和发展。同时，《指导意见》中对权力清单的诸多规定还需要进一步细化和完善，对各级政府编制权力清单过程中存在着标准不统一的现象，还需要制定更为权威、细致的规范。地方政府同时也应该结合地区的实际情况、因地制宜的制定政府规章，以期实现从上到下、从整体到部分的去完善相

关法律、法规。

（一）制定统一的法律、法规审核标准和程序

在编制清单的过程中，审核权力的法律和法规是最重要的部分，行政机关对权力进行合法性审查，看其是否符合法律、法规等制定依据。但是政府权力所根据的法律、法规种类繁多，而且目前的权力清单法律、法规对于文件级别的审核中并无明确规定。因此，现实中出现了某些地方行政机关也有可能依据"红头文件"等不合法的方式确定审批权和审核程序。

《指导意见》中并无具体的规定，仅仅是要求根据严格、周密的工作程序和统一的核准条件去进行审理核对，确实修改相关法律、法规的，要在相关法律、法规修改之后调整相应的职权。审核的主体、审核的程序、权力类型和修法的主体、程序等内容没有更加明确的规定，从而易导致行政机关在权力清单编制的进程中对法律、法规审核这一项草草了事。进而为滋生不合法、不合理的权力提供了的存在的土壤。因此，必须在立法上面统一制定详细、周密、完善的法律和法规审核标准，更加系统全面的规范统一权力清单制度才能保障在今后的推行中"始终如一"。

（二）完善权力清单的内容和归类标准

《指导意见》中涉及权力分类和清单内容仅仅作了一些模糊的规定，因为在实践中会有许多方面需要考虑，所以如此粗线条的规定让政府在权力清单的具体编制上困难重重。由各地政府的实践现状可知，各地政

府的清单编制主体在有些制定程序方面缺少依据，同时又为了尽快推出本单位的权力清单，所以只能依赖自身能动性。导致各地政府推出的权力清单质量和内容方面存在较大的差异，相关部门在制作清单的过程中存在较大的随意性，从而削弱了权力清单制约和监督行政权力的作用。另外，各式各样的权力清单也不利于公众的查阅，使权力清单的外部监督机制难以发挥作用，给权力的"暗箱操作"留下活动的空间，不利于树立政府的公信力。权力清单是地方行政机关自己编制公开的政府信息，由各政府自行确立相关具体内容，仅仅靠地方政府行政部门难以在限制和公开自身权力等方面作出严密的规定。因此，中央的立法机构为了实现便民利民、公开透明的目标，必须针对其不足之处进行完善。

（三）明确权力清单的性质

如前所述，不管是在理论界还是在司法实践运行过程中，在权力清单的性质界定方面都存在很多不同的意见，众说纷纭中也难以达成统一观点。权力清单的性质问题不但会影响其自身内涵的界定，而且会造成司法审判机关对其难以评判的窘迫处境。总而言之，权力清单的性质不明，对行政机关、行政相对人和司法审判机关都存在较大影响。一方面，假如按照我国政府承诺的权力清单具有"清单以外无权力"的法律效力，那么行政机关在实际行使权力时，将会出现法律、法规变动而权力清单未变的局面，由此产生法律与清单两难选择的问题。另一方面，行政相对人由于信息掌握的滞后性，可能在未完全掌握相关法律、法规的情形下按照权力清单办理相关事项，面对目前不健全的权力清单法律制度，行政相对人会因权力清单与法律、法规不一致而与政府机关产生纠纷。从审判机关的角度来说，对权力清单的性质作出何种界定对裁判的结果起着至关重要的作用。因此，权力清单具有何种性质需要中央作出权威性的解释。

（四）各地省政府需要出台符合地区实际的政府规章

权力清单制度中除了存在一些需要统一立法的普遍性问题之外，各个地方还存在不同的地方性问题。因此，需要各地方政府根据地区的实际情况，因地制宜地制定清单的相关工作。就目前来看，诸多地方政府欠缺权力清单制度方面的规章制定，缺乏制定权力清单具体法规的意识。所以针对各个地方政府，中央政府应及时督促地方以本地区权力清单的编制情况具体问题具体分析，制定出具有地方特色的权力清单政府规章等法律性文件。

二、明确权力清单的法律效力

本书认为权力清单应定性为行政规范性文件，从而具有法律效力。作为行政规范性文件的权力清单理应具有法律效力，法律效力意味着其具有法律约束力和执行力，没有法律效力的权力清单也就失去了生命力。

首先，行政规范性文件的法律属性决定权力清单具有法律效力。法律效力作为规范性法律文件的生命力，没有法律效力的规范性文件就失去了存在的价值。权力清单通过对行政权力的清理、整合、归纳梳理等方式，以表单的形式列明政府的各项行政权力并对外公开发布，以期达到限制政府行政权力的目的。为了实现此目的，权力清单应然具有法律效力。

其次，权力清单的法律效力有助于制约行政权力，保障权力清单制度高效稳定的发展。我国各级政府多次强调权力清单对行政权力的制约作用，加强对编制权力清单失职行为的问责。具有法律效力的权力清单使政府的承诺有了法律保障，符合依法行政原则和信赖保护原则。法律效力产生的约束力可以更好地督促行政部门进行权力清单编制和执行工作，实现政府依法行政。同时，也使权力清单的问责机制有了法律保障，行政机关在权力清单相关工作中的失职违法行为将承担法律责任。由此，通过明确权力清单的法律效力，可以实现权力清单制度对行政权力的监督和制约作用，促进权力清单长期高效地发展。

再次，权力清单的法律效力应低于其依据的相关法律。权力清单的编制工作相当繁重，因为行政机关的疏忽未将权力列入清单或相关法律、法规出现变动而清单未及时更新，会出现权力清单与相关法律、法规发生冲突的现象。实践中，部分政府提出"清单之外无权力"的说法过分夸大了权力清单的法律效力。权力清单的产生依托于相关法律、法规，其效力自然低于原法律、法规。由此，明确权力清单的法律效力，有助于解决地方政府权力清单制度推行中的相关问题。

最后，明确权力清单的法律效力，确定其行政规范性文件的地位，可以破除权力清单在司法实践中的困境。我国相关机关一直没有对权力清单是否具有法律效力问题作出回应，法院在行政诉讼中无法对当事人提交的权力清单作出评述，造成权力清单在行政诉讼中居于比较尴尬的处境。《中华人民共和国行政诉讼法》中规定了行政规范性文件的审查机制，明确了权力清单的行政规范性文件的地位，可以使权力清单纳入司法审查中。由此，权力清单在行政诉讼中难以被评述的困境得以消除，同时相应的司法审查制度也可以发挥对权力清单的监督作用。

三、完善权力清单的配套制度

权力清单制度完全是我国政府在总结历史经验，结合我国实践情况，在充分试点的基础上，为了提高行政水平、坚持为人民服务的一次重要的制度创新。该制度体现了我国政府转变职能、接受公众监督的决心，同时在限制权力、防止贪腐、保障人权、尊重市场规律等诸多方面具有不可替代的作用，而且该制度对政府如何深入推进权力公开、接受公众监督等方面还有着相当重要的借鉴意义。可以说，权力清单制度最为一项较为成功的制度创新，它并不会仅仅满足于当下已经取得的成绩，而要充分借鉴该制度的成功经验，不断推出相关的清单制度，进而完善以权力清单为基础的政府清单体系。"单丝不成线，独木不成林。"权力清单制度的重要意义得到了许多肯定，在限制行政权力、保障公民合法权益等方面有着独特的作用，但是仅仅依靠单一的权力清单制度或许还不够，还需要构建更加全面系统的清单制度体系。要以权力清单制度为基础，不断丰富相关清单制度的推进，努力完善相关配套制度的构建，形成系统完善且多清单密切联系的清单制度。

权力清单制度经过我国政府数年来的推广实行，在实践上已经积累了丰富的经验，同时各地政府在实践中充分发挥自身能动性，推出了一系列的相关制度探索，丰富和完善了权力清单的相关配套制度。结合各地政府的实践探索，借鉴各地政府在相关清单的建设和完善方面及权力清单的动态化管理方面的成功经验，对配套制度的建立健全从以下四个方面入手。

（一）完善政府责任清单制度

权力和责任是相互交织、互为表里的概念，两者相辅相成，相互促进。从公民的角度来说，公民在享有权利的同时还必须履行相应的义务。从政府的角度来说，便是要求政府在依法行使权力时也需要承担相应的责任，做到"权责一致""有权必有责，用权受监督"。所以权力清单只从公布权力方面实现对行政机关的制约作用，如果行政机关超越权限、滥用职权则需要承担相应的责任，所以此时一个完善的责任清单便显得非常有必要。行政机关参照责任清单可以从明晰哪些是违法违规行为，对自我权力的行使进行内部规制，社会公众通过责任清单可以维护自身权益，有利于找到有效的救济途径，实现对行政行为的外部监督作用。同时，《指导意见》中也明确要求各级政府建立相应的责任清单制度，完善政府政务信息公开工作的推行，全面推进政府转变政府职能。在多数地方政府的相关网站上，权力清单以权责清单出现，这种将两清单合二为一的做法更加符合"权责一致"的要求。同时责任清单的编制程序、清单内容设计、流程图等方面也可借鉴权力清单的成功经验。在清单上权与责相结合，组成了行政机关履行职责上的体系，对我国实现法治政府的建设具有重要意义。

（二）建立政府负面清单制度

可以说权力清单是针对行政机关的权力作出的系统梳理，从正面整合、清理、确认了政府拥有哪些权力，体现了"法无授权即禁止"的法学原理。而负面清单通过列明市场投资的禁止领域，尊重市场主体在该领域外的商业活动行为，体现了"法不禁止即可为"的原理。这两种清单制度各有侧重，但又有着内在统一的要求。行政机关通过编制权力清单明确了自身权力，取消不合理的审批事项，减少行政权力对市场的过多干预，以期发挥市场经济的活力。然而，负面清单制度在激发市场活力方面的重要作用是显而易见的。负面清单就是禁止清单，政府在清单上将禁止和限制企业投资经营的行业、领域、行为等事项明确列出，在清单外的领域就是没有限制、市场投资可入的。负面清单制度的积极作用在于，能够建立公平、开放、透明的市场规则、加快完善现代化市场体系。与权力清单制度并举，将会有保证政府的职权法定化和市场主体自由行为的法定化，从而激发市场的活力，将权力锁到制度的笼子里。

（三）建立财政专项资金管理、中介服务事项等清单

各地政府在完善权力清单制度的基础上，又逐渐开创一系列相关清单的编制，形成了较为全面的清单制度体系。此类清单的设置弥补了权力清单在部分事项公开的漏洞，将政府各方面的主要行政事项予以公开，极大地拓展了权力清单的覆盖范围。部分省份对其他清单，例如，公共服务清单，跑动次数清单等进行了公开，这都属于权力清单的相关配套清单制度。推行和促进配套清单的发展使政府信息在更大层面上做到透明公开，对促使行政权力透明的运行和权力规范化行使具有重要作用。对权力清单的完善和相应配套制度的构建，形成"多清单一个网"的制度体系，可以在实现精简政府行政权力的同时促进政府提升为社会服务的意识，行政机关在自我规制的过程中全方位的接受社会监督。同时，通过多种清单的相互衔接，为行政权力的行使搭建全面立体的制度框架和完备的清单体系，从而能够最大程度地实现对权力的制约。

（四）完善权力清单动态管理机制

由于法律具有一定的滞后性，而社会是不断发展进步的，所以法律文件会经历一系列的"立、改、废、释"。同时，随着我国法治政府的不断推进，行政部门的职权也会进行调整。因此，权力清单中的行政权力的法律依据、责任主体等内容产生变动时，会产生清单内容和相关法律、法规不一致的状况，从而导致清单和相关法律的脱节。完善权力清单的动态管理机制可以保持权力清单的实时更新，可以保证权力清单与法律、法规相协调，促进行政部门依法行使职权。权力清单的编制工作需要耗费大量的人力物力，如果在其内容需要作出调整时，采用全部推倒重建的方式显然是行不通的。在各地政府的相关实践中，本书认为浙江省政府采取设置权力调整记录的方法具有重要的参考价值。清单中的哪些事项内容已经修改、调整前后的清单内容等都可以通过权力清单调整记录体现出来。

地方政府在发布清单后应当定期对权力清单内容进行核查，核实权力清单的内容是否需要作出修改调整。行政机关作为本部门权力清单的编制主体，在履行相应职权时能够首先了解到清单中存在的问题，在其发现清单中所列事项的法律依据、执行主体、办理流程等产生变动时应及时上报。本级政府收到报告后认为清单中的相关事项需要进行调整的，通知清单编制部门按流程对相关事项内容进行调整，并在权力调整记录表中公布。动态的管理机制可以使清单保持实时更新，避免清单与相关法律、法规脱节，是保障权力清单制度长效稳定推进的重要措施。

四、完善权力清单的审查监督机制

权力清单由各级政府的行政部门自行完成相关的编制工作,受制于行政权力事项繁多、行政部门工作人员的法律素养等因素的影响,权力清单难免会存在不同的问题。所以,为了保障权力清单编制工作的严谨性、维护政府权威及公信力,需要构建完善的权力清单备案审查机制。作为权力清单编制工作的重要依据,《指导意见》中并没有提出明确的备案审查机制。可以考虑借鉴《法规规章备案条例》中的相关规定,对权力清单的相关审查工作的开展提出一些设想。

首先,各级政府必须依据法律、法规行使权力清单的审查职责,全方位的领导监督本级政府法制机构开展相关的审查工作,对清单编制过程中出现的问题提出指导意见。其次,行政部门在完成清单的编制工作后,应当在规定的时间内向同级政府进行报备,各级政府的法制机构对其所编制的权力清单进行有关审理与核查。审查的主要内容包括清单中的权力事项是否合理且有法律依据、清单的编制主体是否适合且无越权、清单的编制流程是否合法等。法制机构经过一系列审查后,发现确实存在不适当的情况,可向清单的编制部门提出修改并重新送审的建议,如双方对此存在不同意见由同级政府作出决定。再次,法制机构对符合审查规定的清单,给以备案登记并公布。此外,上级政府应加强对下级政府备案登记工作的监督审查,保持上下级权力清单的相对一致性。由此形成的权力清单审查机制,可以加强对权力清单编制工作的全面审查和监督,形成较为完善的审查监督体系。最后,需要完善权力清单监督问责机制。一项制度良好高效的运行需要保持内外平衡,在不断完善内部系统构建的同时还需要加强外部的监督制约。

　　行政机关既是权力清单的编制主体，又是其监督实施主体，同时又受制于政府自我规制的局限性，所以仅仅依赖政府的自我完善是行不通的。权力清单的监督问责机制犹如一把"达摩克利斯之剑"，让相关负责人对违法失职行为付出代价，可以督促政机关在编制权力清单的过程中积极履行相关职责。人民群众作为政府工作的重要监督者，对促进政府依法行政具有重要意义。权力清单涉及公众的权力和义务，对公众的切身利益产生重要影响，所以社会公众在监督政府权力清单方面具有极大热情，但受制于信息的不对称性和监督渠道的不畅通等影响，社会公众的监督权难以实现。结合地方政府的实践经验，以下措施具有重要的借鉴意义：优化政府公开权力清单的方式，使公众查阅更加便捷；设置清单的评价建议环节，促进清单的不断完善；配置投诉热线，强化对行政机关的失职违法行为的问责等。

　　对行政机关编制权力清单过程中的违法失职行为缺乏有效的问责机制，这无形中助长了政府懒政怠政的不正之风。目前，政府部门消极履行政务信息公开职责的现象时有发生，但却少有相关负责人被问责处理，监督问责机制被束之高阁。因此，可以从以下两方面考虑：参考《条例》中对行政机关怠于履行公开职责的处罚规定；结合《中华人民共和国监察法》中相关规定，强化监察机关对行政部门的监督问责。从而构建出明确立体的监督体系而且设定严明的惩罚措施，使行政机关在清单的编制工作中全程接受监督、明确自身职责，为权力清单的法治化建设构筑最后一道屏障。

第四章
地方法治的评估指标体系

第一节　地方法治评估指标体系概述

一、法治评估指标体系的概念及时间脉络

　　法治评估指标体系是指以数据为基础，通过设计法治建设过程中彼此相关联、表征法治社会现象的若干个指标，综合运用评估学、统计学、社会学等方法得出评估法治发展状况的法治指数，指标体系是指标的集合体。其突出之处在于将现代社会科学中多学科的原理、思想系统地引入社会管理领域然后对法治进行测量。在法治评估指数的设计中，可以分为评估体系的设计和指数计量方法两部分。本书着重探讨前者亦即法治评估体系的指标在设计中存在的主要问题。在法治评估实践中，法治指标的设计是整个评估体系中最为重要的环节，因为指标对于法治

精神及社会福利目标的反应程度、反映准确性直接影响评估的效果，这关乎评估的科学性，也最易引发质疑与争议。

法治评估指标体系发轫于20世纪60年代欧美国家的社会指标运动。其时，美国学者出版了题为《社会指标》的论文集，此书的刊印发行被认为是社会指标运动的开端。此后，美国学者伊万在《法律体系，跨国分析》一书中构建一套具有七十多项指标的指标体系，作为有指向性的社会指标体系，这是第一次较具意义的专门提出法律指标体系。尽管20世纪六七十年代，社会指标运动在美国和世界其他各国均达到高潮阶段，但是，相对独立的法律指标体系却并不多见。此时的评估运动尚处于理论探究阶段，在实践中尚未推行，所以专门的法治评估指数还未出现。

法治评估指数应用于测量一个国家或地区的法治建设状况可以追溯到20世纪90年代美国国际开发署创建的《民主与治理评估框架》，其对柬埔寨进行过法治测量。1996年，世界银行的全球治理指数设计了国际层面上的法治评估指数，当时并未对中国产生巨大影响。中国第一个法治评估指数产生于香港，香港于2004年在学习借鉴国际上的成功经验后，构建了香港法治指数。之后的两年，余杭法治指数应运而生。2008年，美国律师协会发起的世界正义工程（WJP）确立了第一个专门用于测量法治的指数，至今为止公布了多份法治评估指数成果，其影响力与日俱增。在一系列国内外法治评估实践的引导下，国内各地实践如火如荼的展开，且呈现出燎原之势，北京、上海、成都、昆明、湖南等地区都已经展开探索。

二、地方法治评估指标体系的性质

（一）整体统一性

法治整体统一原则是我国根本大法《宪法》及其他法律所认定的一项基本原则，该原则可以从静态和动态两个方面来分析。从静态的角度看，所有法律都应当服从《宪法》，当下位法与上位法发生冲突时，下位法都应该毫无条件的服从上位法，上位法的位阶高于下位法，而且同一层次的法律不能相悖。从动态的角度看，法治应当在不同区域和部门之间保持高度的整体统一性，即使在自治的民族自治地区。此外，在法治的时间顺序上也应该在合理区间内更为适宜，不能够有过多的超越现象。总的来说，这个原则应当贯穿法治评估运动的每个环节，一以贯之，成为指标体系的灵魂。整体统一性要求应当把法治指标的设计权予以集中，不能下放，由规定的国家机关设计法治指标，保持体系的完整性、统一性。法治评估指标的整体统一属性也暗示着构建法治评估指标的过程，本身就是属于上层建筑中顶层设计的内容，国家应该在整体的治理思维下大力支持指标体系的构建。假使出现这种情况，某个地方或部门设计出该地方或该区域的评估指标体系，那么它必须在国家统一的法治评估指标体系的基础上展开推演，而不能够存在对立和冲突的地方，这对于法治评估至关重要。

（二）开放性和纠错性

法治评估指标体系的设计不是一蹴而就的，从开始确立到后来的完善需要漫长的过程，这样的过程本身就需要开放性和纠错性。法治评估指标体系的出现不过几十年的历史，在中华大地上生根发芽的时间更是少之又少，作为一种需要耗费大量工程的新鲜事物，其中必然存在着诸多不合理之处，这也符合事物发展的逻辑。法治评估指标具有嵌入的性质，其不仅是评估法治的手段和方法，而且又嵌入法治当中，构成法治不可分割的一部分。在这个过程当中，法治会根据不断面临的新情况、新形势而产生微妙的变化，呈现出动态的状态。如果把法治评估指标体系禁锢在原有的牢笼中，就很可能会出现水土不服的后果，甚至出现无法面对新问题、新情况的状况。实际上，国际层面上的法治评估运动已经意识到并采取了措施，例如，世界治理指数自形成报告以来每年都会作出完善和修补，从1.0版到2.0版，再到3.0版。因此，法治评估指标的设计运用应当具备开放和纠错的属性，以不断适应形势的变化。

（三）精确的可操作性

法治评估指标具备量化的功能，其特色在于对法治的分解和测量，不论在历史上关于法治概念的争论如何，在某种统一的话语体系下，法治的精细化是可行的，因而法治评估设计的指标体系应是可操作的。在法治评估指标设计完成之后，收集相关的直接反映法治状况的量化客观数据与反映主观感受的量化主观数据，再运用计算方法进行计算。在我国的法治建设过程中，之所以存在立法应然与实然的矛盾，之所以存在法律事实与民众诉求的冲突，之所以存在法治建设困难重重的现象，重要的原因在于相关的法治评估工作被束之高阁，无法具体施行。基于此，本书认为法治评估指标是立足于法治实践而进行的设计，它是客观事实的反映和体现，在法治过程中扮演着数据和信息制约的角色。

（四）评估结果的相对性

正如上述所说，不论在历史上关于法治概念的争论如何，在某种话语体系下，法治的量化是可行的，同时也应该理性的看到，法治评估指标得出的评估结果具有相对性，不能完全反映法治现实。指标可以通过个人的主观意志将各种繁杂的信息量化，帮助我们探知分析事物的客观状态。然而，每个指标都是挑取事物中不那么完美的代表，即使是再完美的指标也只是对现实片断的量化，指标得出的指数与实际的情况总是存在出入。假如一味地追求法治评估指标，舍弃其他途径，很难保证不会对指标所反映的法治现实形成有偏差的认知。其实对于量化的有限性早已形成普遍共识，尤其是指标的设计和应用上，经常结合定性方法来评估，这样才能够更好的保证调查结果的客观性和深入性，所以应当理性看待法治评估的结果。

第二节　地方法治评估指标体系的现实困境

一、域内法治评估指标体系的设计

法治评估指标的实践在中国各地区已如星星之火逐渐铺开，燎原之势逐渐显现。中国各地区的法治评估活动主要集中在直辖市、先试先行区、省会城市等经济发达城市，它们走在国内发展前列，是它们的纠错式探索提供了宝贵的经验。

本书选取国内较典型的法治评估活动从主体、模式、指导思想、指标体系的内容进行介绍，以期对其有个初步了解，进而论述地方法治评估指标体系存在的现实困境。

（一）北京法治建设状况综合评价指标体系的设计

为了扎实推进现代化法治城市建设进程，全面掌握和科学评价依法治市工作成效和社会效果，北京市依法治市领导小组在2004年提出开展《北京市法治建设状况综合评价指标体系》课题研究，率先提出建立"现代化法治城市的指标评价体系"问题。北京市法治建设综合评价指标由各相关职能部门负责人和北京地区政法类院校的专家学者共同设计而成，采用"职能+状况+潜力"的模式。在评价指标体系的设计中，遵循客观性与新颖性相结合、可比性与可操作性相结合、导向性与适用性相结合、体系性与代表性相结合、工作职责与实际效果相结合、主客观指标结合运用、固定指标与流动指标相结合的原则，表征了指标的理论的正确性，照顾到法治建设的现实需求和今后的发展需要两大方面，满足不同层面的现实工作需要。

在整合几种可供选择的框架设计方案的基础上，将北京法治评估指标的基本框架设计为三大层次，3项一级指标，16项二级指标，90项三级指标。一级指标具体为三大部分，即社会状态指标、工作职能指标和发展潜力指标。三项指标具有层层递进的逻辑关系。社会状态指标下设社会秩序、社会发展、社会公正、社会风尚共计4项二级指标，该指标的内容是指标的基础性事项，其主要是对该地区整体状况的一个评估；工作职能指标下设立法、民主政治建设、依法治理、行政执法、司法、法律服务、普法宣传、综合治理组织领导、法律监督共计9项二级指标，该指标在分析基础性事项后提出工作指标，进一步讲述分析该地区的情况；发展潜力指标下设法律效率、人力资源、法律意识共计3项二级指标，是对该地区的可探究性强的事项进行量化。其中，社会状态指标与工作职能指标是整个体系的主要部分，发展潜力指标则属于附辅性部分。职能指标体系可以用来考核政府各部门和基层依法治市工作绩效，用来全面掌握全市和各区县推进依法治市工作情况，属于政府内部的自我考察和评比；社会状态指标主要考察依法治市的社会反映状态，如社会效果和民众满意程度。这两部分的结合可以用于对北京市依法治市总体状况的综合评价和决策服务。而发展潜力指标则是用于考察、分析和预测北京市未来依法治市的潜力和空间，并提供第一手资料。

（二）浙江余杭法治指数的设计

2006年，杭州市余杭区提出了"法治余杭"建设的目标："党委依法执政、政府依法行政、权利依法保障、监督体系健全、司法公平正义、市场规范有序、民主政治完善、全民素质提升、社会平安和谐。"同年十月，余杭区委与浙江大学法学院签订了余杭法治评估指标的构建协议。2007年7月，产生中国大陆第一个"法治指数"。浙江省余杭区法治评估体系呈现出五大特点：（1）经济社会发展的"晴雨表"；（2）科学性；（3）指导性；（4）前瞻性；（5）法治评估活动具有广泛参与性。在评估主体上，余杭区法治评估指数由科研机构测量，不是政府自说自话，不是既当运动员又当裁判员，而是其他机构评定。在测定过程中，公众参与满意度调查，政府机构内从事法律工作的人员组成内部评估组，政府机构外的其他从业者，如记者、律师、企业家等组成外部评估组，法学专家、统计学者组成专家评审组。广覆盖、高质量的高质量评估是该指标体系的鲜明特色。"法治余杭"采用"149"模式："1"是指只有一个法治指数，这个指数是对余杭区整个法治建设状况的全面性评价；"4"指四大评估层级——村和社区、乡镇街道、区级机关部门、区本级；"9"是面向公众的九种调查问卷，涉及权利、司法、党风廉政、社会法治意识、安全感、民主政治参与、监督、市场秩序、行政工作九个方面，总分为1 000分。

余杭法治评估指标体系由村社区评估指标、乡镇街道评估指标、区级机关指标及总指标四级构成。余杭法治评估指标的总指标没有套用国际上已有的法治定义，而是结合余杭发展的实际情况选用《中共杭州市余杭区委关于建设法治余杭的意见》中的九项法治总体目标作为法治评估指标体系的主要内容，在其指引下设计"一、全面推进依法行政、努力建设法治政府；二、推进民主政治建设，提高党的执政能力；三、深化全民法制教育，增强法治意识、提升法律素养；四、扩展法律服务，维护社会公平；五、促进司法公正，维护司法权威；六、整顿市场秩序，为经济发展塑造良好环境；七、响应党中央号召加强社会建设；八、健全监督体制，提高监督效能；九、深化平安余杭创建，维护社会和谐稳定"九个具体目标，并将其进行再分解，量化为主要任务和考评内容。区级机关指标共计对39个单位进行考评，这一层次的法治评估指标体系不仅有共性目标，而且充分结合部门特色，同时也适当注意部门之间的统一和平衡。乡镇街道评估指标的设计既有同余杭区级层面的共性，也有其直接面对基层的个性，设计时充分考虑到了这两点，具有较强的针对性。其中，村社区的评估指标应用面最广，也最基础的应用。针对村和社区的特点，因地制宜的设计各项指标，内容丰富、措施具体、标准明确。同时设计九个方面的调查问卷，提高人民群众参与积极性是余杭推进法治的一项重要工作。该指标体系内容涵盖了余杭区所有的领域，具有全面性的特点使指标更具有权威性。从考核的执行效果角度上来说，努力追求细致化、导向化、客观化，设计了一个横向到边、纵向到底的体系，具有鲜明的实践性指导性和法治特色，只有这样才能设计出特色鲜明的指标。

（三）云南昆明综合评价指标体系的设计

云南昆明法治评估指标体系是全国最先发布法治指数报告的省会城市，走在了中国发展前列。该指标体系以《建设法治昆明工作规划（2009-2014）》《中共昆明市委关于推进依法治市建设法治昆明的实施意见》为指导方针，成立专门的领导小组，召集了由专家学者和从事法律工作的一线人员组成的21人组成课题组。在2010年昆明市委公布了法治昆明综合评价指标体系，引起了热烈反响。

昆明法治评估体系包括三个层级，3项一级指标，13项二级指标，32项三级指标。该指标体系可以总结为"社会状态+工作职能+社会评价"模式。3个一级指标分别为："法治的社会环境综合指标""法治的人文环境综合指标""法治的制度环境综合指标"。这三个指标是对昆明市的法治建设状况进行整体分析。在"社会环境综合指标"中，设计4个二级指标来测量昆明的法治面貌分别是：市场有序、社会安全、法律资源、社会廉洁，其下有11个三级指标。"法治的制度环境综合指标"包括7个二级指标和18

个三级指标。7个二级指标分别是：民主政治、依法行政、法治宣传教育和法律监督、规范立法、依法执政、公正司法，其设计基本包括了法治建设的各个方面。"人文环境综合指标"涵盖"公众评价性指标"和"公众体验性指标"2个二级指标。3个一级指标之间存在着千丝万缕的关系，密不可分又相辅相成。"社会环境综合指标"体现了社会法治建设的状况，其统计方法在不同的时候能够描述该地区法治建设的整体环境；"制度环境综合指标"体现的是该地区法治建设的制度运行状况，其内容囊括可以直接采用的客观指标；"人文环境综合指标"体现了民众对该地区法治建设的主观评价，属于主观性指标。

二、地方法治评估指标体系设计的现实困境

世界上出现法治评估指标体系不过短短十余年，在政府和专家学者们的共同努力下，已经呈现出遍地开花的局面。我国在轰轰烈烈开展之余，诸多问题也随之而来。在中国各地区开展法治评估活动本身就困难重重，因为各地方的法治发展不平衡，法治建设状况不一样，如何在国家的统一指导下，因地制宜地设计法治评估指标极大的考验设计者的智慧。法治评估指标体系的设计本身就是一项系统的工程，从选择形式法治到实质法治的争论，到解决指标体系的制度指向混乱问题，再到设计主体中立性的缺乏，最后到指标设计的客体异化，诸多困境亟待去解决。要深刻认识到，只有扫清法治评估指标体系道路上的问题和困境，才能够走得更加坚定和顺畅，才能够走得更远，这也是认真对待法治评估活动的应有态度。

（一）地方法治发展不平衡

地方法治，是指在一国主权范围内的各个行政区划单位，在构建法治中国的过程中，崇尚法治精神，践行法治理念，以国家的整体法治为目标，从局部上升到整体，由萌发到成熟的一种法治状况，是社会主义法治国家在地方的具体实践。从历史上看，自秦代以来，逐渐形成权力高度集中的政治体制，并构建了家、国、天下一体化的整体主义秩序观，但在处理中央和地方的问题上，中央给与地方一定的自治权。从现实客观条件上看，地方由于历史、地理、人文的不同呈现出差异性和不平衡性。正是由于多种不同因素的相互作用，地方的法治发展状况参差不齐，如经济发达地区东部法治化程度较高，中部地区紧跟其后，西部城市发展水平有限，各地方经济发展水平不同，对法治建设的投入也不同。各个地方的法治现象呈现出先行化、内陆化、区域化三种特征。周尚君教授更是指出，在我国的地方法治试验中，形成了三个比较典型的地方法治发展模式。这不仅是地方自主性的表现，也体现出地方正探索出自己的法治发展路径。而地方法治发展不平衡体现在法治评估指标体系上则是各个地方设计的指标体系千差万别，从时间上看，北京法治评估指标体系最早，浙江余杭次之，云南昆明较晚。从采用的模式上看，北京法治建设状况综合评价指标体系采用"职能+状况+潜力"的模式；浙江余杭法治指数采用"149"模式；云南昆明法治评估指标体系被归纳为"社会状态+工作职能+社会评价"模式。地方法治发展不平衡给各地方设计法治评估体系带来一定程度的实践困难，没有一种"放之四海而皆准"的指标体系能够通行各地，而这也是处于纠错式探索阶段的指标体系的魅力所在。

（二）形式法治与实质法治的选择困境

从亚里士多德提出法治的概念到现在，专家学者们对法治概念的争论仍在进行中。在设计指标体系时，都需要对法治的内涵有个明确的认知，但是任何试图定义的努力都容易陷于一场无休止的斗争中。然而，对法治的不同理解将设计出不同的法治评估指标，这种形态各异的多元化法治评估指标实践，一方面有益于进一步丰富法治的内涵，探索法治评估指标体系的道路积累经验，但是从另一方面来说，也容易导致指标体系成为学者一厢情愿的自由发挥，或者成为政府将自身既有的行为与原有的实践披上合法化的外衣，而后者很容易将法治评估活动流于形式，甚至会背离法治评估活动的初衷。在《牛津法律大辞典》中，法治是"最为重要的概念，至今尚未有确定的内容，也不易作出界定"。法治理论按照制度结构和价值取向可分为形式法治和实质法治，形式法治关注的是整体的制度层面，法律是自给自足的系统，重视程序公正，法律的产生到执行必须具备形式要件，哈耶克、富勒、拉兹是这一学说的代表法学家；实质法治则是重视价值的作用，追求结果的正义，偏向于实质性内容，亚里士多德是这一学说的代表法学家。然而，形式法治有其固有的局限性：形式法治不考虑价值的选择，一味追求形式的合法性且甚至可与恶法并存、在个案中正义无法得到伸张及当情理与法律存在冲突时法律往往占了上风，其仅仅提出了法律在形式或程序上的要求。同样的，实质法治也在局限性：实质法治实际是价值和价值的组合，难以达成统一的实质法治价值存在，难以证明其存在的正确性。假如一味的崇尚道德价值的实质法治又会陷入形而上学的泥潭中。而且实质法治带有一定的反民主意蕴，在此不多赘述。正是由于形式法治和实质法治都存在两难的境地，如何偏向哪一方，这就考验设计者的智慧。在目前中国，已有学者关注法治概念与法治评估指标体系的关系，但是并未能展开充分的讨论和取得基本的共识，在这样的背景条件下，各个地方乃至中国设计出的法治评估指标体系就只能是五花八门，从各个不同的指标体系就可见端倪，这并非细枝末节的差异，而是在何为法治的基本理念上存在不同认知或认知模糊。应该深刻意识到，法治指标的设计不只是个方法问题，更是个法治问题，受到中国当前法治发展程度与政府管理模式的影响与制约，中国法治体系下法治的内涵及法治评估指标的分解与确定仍需着力研究。

（三）制度指向混乱

法治评估指标体系作为西方舶来品其理论研究仍然处在初级阶段，尤其在制度指向上。制度指向在指标体系中具有举棋定向、谋篇布局的作用，制度指向的确定能够夯实设计地方法治评估指标体系的基础，也可以为其他问题的解决提供方向性的指导，进而促进法治发展。眼下的制度指向常用法治国家、法治政府、法治社会三组概念建构各具特色的法治评估指标体系，由此也存在着制度指向模糊不清和混乱使用问题。地方法治评估指标体系的实践处在纠错式的探索阶段，各地方在顶层设计的指导下摸着石头过河设计出了评估法治发展状况的指标体系。但是，应该正视到现阶段各具特色的指标体系已经满足不了长远发展的需要，明确法治评估指标体系的制度指向已经变得刻不容缓。其原因有二：一方面，从指标体系的具体内容上看，其设立不是毫无章法、粗制滥造而来，它需要统一的逻辑线索贯穿指标体系的始终指引发展方向，需要清晰的思路解决在评估法治发展状况中遇到的问题；另一方面，多样化的指标体系需要明确的制度指向。各地方在实践的过程中结合本地具体情况设计出了各种各样的指标体系，这样的体系是基于本地的法治发展状况和对法治概念的理解形成的，多样性是其重要的本质特征。同时，也难以保证在不远的将来不会在总结地方实践经验基础上设立中央层面上的法治评估指标体系，而它们都需要一个共同点那就是明确的制度指向，否则无论是中央层面上的还是地方的指标体系就缺少了举旗定向的宏观指导。

（四）法治评估主体缺乏中立性

当前中国各地区的法治评估指标体系其主体可以分成两类：官方主导的法治评估与官方之外的其他组织主持的评估，其中以官方自评为主导。这虽然发挥了制度性优势，体现出了政府推进法治建设的特点，但也带来一系列问题。官方主导的法治评估体系设计很容易将走向指标设计的实用性导向，政府很容易根据自身的主观意志或需要设计指标，而不是根据法治建设的内容，甚至最终成为政绩工程。此外，这可能在某种程度上影响评估的客观中立性，以至于评估结果与现实大相径庭，容易引起公众质疑，降低公信力。虽然某些地区的法治评估活动会邀请专家参与，但在总体上还是在体制框架内运行。例如，浙江余杭法治指数，其是在区委法治领导小组的委托下浙江大学法学院共同努力的评估项目，区政府给与财政支持并全程跟踪，其身上离不开官方的印记，甚至具有准官方性质。余杭法治指标体系的指标完全按照《中共杭州市余杭区委关于建设法治余杭的意见》进行构建，尽管区委领导表示"法治指数的出台不是政府花钱买数字、筑政绩，而是帮助政府找问题"，但是片面的言语说辞并不具有强大的说服力，而事实上浙江余杭的法治评估指数由政府赞助发起并全程大力支持，法治评估指标的设计者们在经济上受制于人，很容易影响评估结果的权威性。无独有偶，不管是广东、江苏，还是北京、上海，无一例外地延续着政府政绩评估的惯性，无一例外地属于绩效考核意义上的法治评估，还不能产生民众对政府权力运作的制约作用。更具体地说，北京市法治评估指标体系由各相关职能部门负责人和政法类院校的法学家们共同构建而成。在评价指标体系的设计中，以中国特色社会主义理论、《北京市依法治市工作规划》及《普法依法治市工作标准》为指导要求。云南昆明法治评估指标的设计由云南昆明法治建设领导小组办公室以《建设法治昆明工作规划（2009-2014）》《中共昆明市委关于推进依法治市建设法治昆明的实施意见》为具体指导思想，并聘请了由"专家+职能部门法治建设骨干"组成的21人课题组。这种按照党政文件构建法治评估指标的设计方案，很容易影响评估结果的客观性和权威性，信服力较低，使得各地方的法治评估实践带有官方性和主观性，故而缺乏中立性。

（五）法治评估指标体系客体的异化

法治评估指标体系的现实困境是从主体的角度进行分析，沿着这一思路进行分析发现，法治评估指标的客体存在异化现象，而这直接说明了其设计存在问题。现阶段，中国各地方指标的对象是政府及其部门，实质是对职能部门的工作考核。从纵向上来看，由上级主管部门考核下级部门；从横向上来看，地方政府考核其职能部门。北京法治评估指标体系可以用来考核政府各部门和基层依法治市工作绩效，用来全面掌握全市和各区县推进依法治市工作情况，属于政府内部的自我考察和评比；余杭法治指数的区级机关指标共计对39个单位进行考评，选用《中共杭州市余杭区委关于建设法治余杭的意见》中的九项法治目标作为指标的主要内容；云南昆明指标的"制度环境综合指标"包括7个二级指标即民主政治、依法执政、法治宣传教育和法律监督、依法行政、规范立法、公正司法，其设计基本涵盖了政府工作的核心内容。不能否认这一指标设计方法的合理性，因为在大力建设法治的时期，政府及其相关部门的工作扮演了极其重要的角色，这也符合当前的发展状况。可以说，这一设计思路的运用给法治评估项目的推广减少了阻力。但如此一来，法治评估指标的设计仍采用传统思维的方式，把法治建设等同于各职能部门的工作，完成的各项任务，诸如立了多少法、解决多少纠纷、结案率如何，其结果导致地方法治化慢慢衍化为片面追求法治GDP，把法治评估异化为法治工作绩效评估，是地方政府设计一套系统的测量指标，对下级政府及其职能部门的工作进行考核、评估、奖惩及监督的一种机制，而这显然与法治评估的初衷背道而驰。

第三节　域外法治评估指标设计的实践及分析

一、世界银行的全球治理指数

自1996年以来，世界银行接连公布全球治理指数报告，成为全球决策者和民间团体评估政府法治水平的关键来源，对世界各国的法治发展水平进行测量构成世行全球治理指数的重要内容。在全球治理指数中，治理被界定为"一个国家权力运行的传统和机制"。世界银行的全球治理指数包括三个方面六个维度：①政府的选择、监管、替代过程，其中包括两个维度发言权与问责、政治稳定与杜绝暴力和恐怖主义；②政府有效制定与实行合理政策的能力，其中包括两个维度政府效能、监管质量；③尊重公民，并对管理经济与社会交互的制度予以阐释，其中包括两个维度法治、控制腐败。全球治理指数组织和总结大量数据源，但其将法治设计在六个维度之下，使得专业法治指数的针对性有一定减弱。

全球治理指数与世界法治指数不同的是，前者中的法治只是治理中的一个维度，法治是治理的六项下位指标之一，后者中的法治是整个项目的主要内容。全球治理指数中的法治指标设计有其特殊性，它是广泛容纳多家代表性机构对法治的多样化理解，并据此对法治指标厘定设计多个法治下位变量而实现。例如，全球治理指数的来源之一世界经济论坛全球竞争力报告对法治的理解：有公众及经济实体之影响、组织犯罪增加商业成本、普通的银行洗钱、非经正式批准或注册的经营实体百分比、普通犯罪增加商业成本。不同机构组织界定的不同法治变量具有一定的差异性，但从整体上说，它们都会聚焦于法治的核心理念即对公权力的限制、对私权利的保护。全球治理指数包括对非政府组织、多边国际组织关于某些指标的评估、多种商业信息公司、公司和家庭的问卷调查，在主体的挑选上相当注重各地方的平衡和普遍，确保对法治认识最大限度地整体性与典型性。

二、世界正义工程法治指数

世界正义工程是由美国律师协会联合其他协会成立的完全独立的、非营利组织，其宗旨在于推动世界法治进程。作为其重要的举措之一，世界正义工程设计了用来衡量国家法治化程度的法治评估指标体系，可以在全球范围内测量出法治水平的变化。该指数的研究由阿尔特斯全球联盟和维拉司法研究所共同开发。

在法治评估指标的设计上，世界正义工程一方面为各个国家构建一套具有普世价值的法治框架，另一方面沿用经典的西方法治理念。其逻辑沿袭了亚里士多德关于法治的理解：已成立的法律获得普遍的服从，而大家所服从的法律本身是制定得良好的法律。世界正义工程设计的世界法治指数首次成功地衔接了形式法治和实质法治，该法治指数从众多的指标中提炼出十项指标。世界正义工程法治指数3.0版中，包括四项基本内容：①政府公开与监管执法；②保障安全与基本权利；③负责的政府；④可实现的正义。负责任的政府含括两项一级指标即对政府权力的制约、杜绝腐败；保障安全与基本权利包含三项一级指标即法律是明确公开且稳定的、秩序与安全、基本权利；政府公开与监管执法包含两项一级指标即政府公开、监管执法；可实现的正义包含三项一级指标即可行的民事司法、有效的刑事司法、非正式正义，在四项基本内容上进一步确定10个一级指标。在这一过程中，除了世界法治指数3.0版之外，其还有2.0版、1.0版，相比之下3.0版更加简洁，所以指标并非越多越好，体系的数量与科学性也并非成正比。有专家学者对世界正义工程法治指数存在六大特点进行分析。世界正义工程的法治指数被公认为是专门评估一个国家法治发展水平最为深远影响的研究，在其带动下，法治评估活动受到广泛关注和青睐。

三、域外法治评估指标体系之分析及其反思

（一）域外法治评估指标体系之分析

通过上述的介绍，可以对全球治理指数、世界法治指数有初步的简略认识，它们都是公认成功的具有代表性的法治评估实践，"他山之玉，可以攻石"，这值得分析和反思。

从法治评估的对象上看，世界银行的全球治理指数和世界正义工程的世界法治指数都设计一套普遍适用的标准对各个处在不同法治发展阶段的国家（地区）进行评估。

从形式法治与实质法治的选择上看，世界银行的全球治理指数指标广泛容纳多家代表性机构对法治的多样化理解，包含犯罪、警察、司法、政府效能、知识产权等法治的全貌，兼顾了形式法治及实质法治。世界正义工程设计的世界法治指数最先成功地利用指标衔接了形式法治和实质法治两大内容，该指数从众多指标中提炼出十项指标。

从法治评估进路上看，全球治理指数和世界法治指数偏向于采取价值性进路，价值性进路主要关注这些制度成立的动机和目的，这些制度服务的目标，并通过法治的价值形态的集合形式反映和呈现法治特征。价值性进路采用从"理论"转向"现实"的路径，在这过程中是以法治价值为标准对法治状况进行测量。

从主体上看，全球治理指数由世界银行进行评估、世界法治指数由世界正义工程进行评估，它们都是非政府组织机构。

从法治评估的客体上看，它们在既定的认识下明晰了法治的基本要素，再按照对法治的认识设计众多下位概念，此类指标具有可行性、确定性和微观角度的特点。

世界银行和世界正义工程因其构建起了一套系统化的成功的测量指标而成为法治评估指标体系的代表，并在世界各国（地区）产生广泛而深远的影响，掀起了一次法治指数化的浪潮，各国和各地区的法治评估活动都以此为模本。需要指出的是，全球治理指数和世界法治指数都在不同程度上有着美国渊源，但它们对美国学术界乃至其他国家所产生的影响并不如在中国这么热烈，所以更多的是直接借鉴这两大指数。

（二）域外法治评估活动的反思

国际层面的法治评估运动与中国各地的实践存在重大的差异，它们不同的设计反映了对于法治的认知不同和意识形态的分歧，这其中表现出了关于法治共同性和差异性两个概念。通行于国际上的测量各个国家的法治评估指标体系，在法治共性的前提下，设计了一套指标用来评估世界各国的法治发展程度。在法治概念达成一定程度共识的基础上，法治评估指标体系具备在世界各国进行对比的合理性，在各种评估方式间也能够进行孰优孰劣判断。法治的共性集中表现在对法律目的的解释上。从古至今对于法治的理解都绕不开两个基本点：一是限制政府公权力；二是保障公民私权利。无论是热衷"全盘西化"，崇尚西方法律的学者，还是追求法治本土资源的学者，对于法治的理解都离不开两个基本点。可以说，法治共性是法治评估体系的核心内容，也是法治评估活动可以在全球范围内推行的的基础。国际上通行的法治评估体系，更多的是采用得到广泛认可的法治理念，强调法治评估指标对世界各国共同存在的法治认识的反映和凸显法治评估指标其的整体性、普世性，减弱在不同国家和地区的应用差异。

而关于法治的差异性，各地区掀起的评估浪潮则体现了对每个区域的法治水平进行测量的可能。在法治差异性的前提下，一个国家或地区根据本地区的国情制定适合自身的法治评估指标。如前所述，新中国成立后，在法治理论上取得了突破性的进展，慢慢构建了属于自己特有的法治发展进程，我国是社会主义法治体系的标杆，在法治评估指标体系理论上有自己的发言权，树立自己的权威，要努力抢占制高点，争夺话语权。当然，我国不是完全被动的接受法治评估指标体系的理念和结果，而是在对国际社会的法治评估活动进行研究借鉴，进而构建自己的法治评估指标体系，测量自己在法治发展道路上的各方面情况。在现代意义上的法治建设方面，中国的起步远远晚于西方各国，由于历史客观条件的限制，中国各地的指标体系更突出法治发展基础的制度性要素和综合性环境要素。通常也更以改善地区法治整体水平为目的，所以法治评估指标体系的设计偏向于从该地区实际情况出发，揭示该地区的法治进程和法治状况，评估法治建设目标，因而法治差异性更大。

基于共同性和差异性带来的后果是：一方面，国际层面上的法治评估组织努力在世界各国之间设计一套具有普世价值的指标体系来对不同国家的法治建设水平进行宏观评估和横向比较；另一方面，普遍适用的指标体系如何适用政治制度、历史文化、和经济发展水平存在巨大差别的各个国家。普遍适用的指标体系由西方学者在其法治话语体系下设计而成，带有明显的西方价值痕迹。所以，虽然以全球治理指数和世界法治指数为代表的法治评估实践引导了全球法治评估运动的方向，但从另一方面来讲，这种国际层面上的评估也深受科学性、公平性和公信力的质疑。综上所述，中国各地方法治评估实践所设计的指标体系，不同于国际法治评估活动的指标，单个行政区划单位的法治评估活动往往施行"因地制宜"的具体化定制方案，一般具有更大的实用性和权威性。中国的法治评估实践正是在这样的背景下基于自身改革开放以来的特色法治进程而构建的。然而，中国缺乏自己话语权，而且在国际层面上关于中国的法治建设评估时处于较高关注和较低评价的两难困境。在更广阔的视野下，深入分析中国的法治建设状况，设计新型的特色法治评估模式争取法治评估实践的发言权，是极为必要和紧迫的。

第四节　破解地方法治评估指标体系困境的创新策略

一、破解地方法治评估指标体系困境的原则

在剖析地方法治评估指标体系在指标设计上的现实困境后，应当回归冷静、回归理性，应当站在全局的角度思考问题，统筹全局，把握准法治评估的正确定位，即对法治评估的认识应取得共识。在此基础上解决指标体系在指标设计上的困境，以期使中国各地的法治评估指标体系成为一个指标设计合理，逻辑连贯的系统工程。在解决现实困境的过程中，从逻辑上讲原则是不可或缺的，因为人的理性不足，无法预见到在

解决困境中遇到的其他问题。因此就需要有一种一以贯之的价值即原则为指导。同时，也需要原则这样较为灵活与机动的成分以应不时之需。

（一）顶层设计指导原则

顶层设计内涵了宏观性思维，对工程的各个层级、要素进行统筹考虑。自党中央提出改革需要进行"顶层设计"，做好中央上层建筑的各项工作以来，这一概念盛行于各报端，涉及政治、经济、文化、社会、法律等领域。法治评估体系的顶层设计指导原则不仅是地方在推进法治进程的框架和操作计划，并为设计法治评估指标进行合法性论证。党的十九大报告深刻阐述了有关法治中国建设的战略方案，对地方的法治评估指标体系的设计予以指导。从国家层面上说，国家要统筹全局，协调各方，形成国家的整体法治。不论各区域的自治权达到何种程度，都是在中央的统一领导下，在国家授予的权力范围内的多元化治理。从地方层面上说，地方法治的发展是国家整体发展全局的一部分，各个地区在发挥其自主性的同时，还要把握其方向和原则。从纵向来说，地方法治进程的推进要认真协调中央和地方的关系，形成和谐互动的局面。从横向来说，要协调好各个行政区划单位的法治建设关系，努力做到各地区法治评估指标体系的协调有序。在面临指标体系现实困境的时候，要牢牢把握住顶层设计的方向和要求，才能够在解决问题的同时不偏离指标体系的主旨要求，不偏不倚。因此，遵循顶层设计原则对于地方法治评估的构建十分必要，对于解决指标体系面临的现实困境具有重要的指导意义。

（二）法治评估核心指标原则

不论是国际层面上的法治评估指标体系还是中国各地的指标体系实践，在指标的设计上都呈现出迥然相异的态势，即使指标体系存在着法治的共同性，各地区在指标体系设计的指导思想和原则不无二致。法治评估指标的差异取决于其所遵循的法治理论和顶层设计指导的原则。对于法治的概念仍然没有达成共识，但对政府权力的限制和对人民权利的保障都得到关注和认可。所以，关于法治所达成的实质内容都应当在指标体系的设计过程中有所反映，不论指标体系的指标如何增加和删减，实质内容都不可或缺，核心指标是对实质内容的反映，核心指标同样必不可少，当然，核心指标仍然可以有不同的表现形式，而这也正是检验法治评估体系设计的合理与否的重大法宝。更加具体地说，中国各地区法治评估指标体系第一步要落实好国家关于法治精神的政策文件，把政策文件中的核心内容转化为法治评估指标的核心指标。同时，中国各地区的法治评估体系要贯彻好法治的基本目标，落实好法治的核心内容。法治的重要内涵在于权力的控制和权利的维护，公权力得到制约，私权利得到保障，两者都不可缺少。法治评估指标的设计应该体现"二八原则"，即提炼出来的核心指标不在于多，也不在于面面俱到，而是要达到最终的指标设计能够充分反映各地方的法治发展状况，能够有效测评一个阶段地方法治建设的成果，而且对校正不利于法治社会发展的行为和因素，具有很强的导向性。在解决法治评估指标体系现实困境的过程中，都有紧贴核心指标原则，对其实质内容予以保留，这样的法治评估指标体系才能够健全完整。

（三）法治评估指标体系地方性原则

一个健全合理的地方法治评估指标体系仅仅遵循顶层设计指导原则，核心指标原则还不够，它的设计还应当融入地方性因素。在中国，法治的地方性具有历史文化渊源和社会基础。第一，法治从本质来说是一种地方性知识，法治不仅是其内容，而且也丰富了地方性知识。第二，每个地域的法治发展状况都有所不同，各地区不仅在法治上，而且在其他经济文化领域也呈现出差异性和不平衡性，法治评估指标体系的设计也应有所不同。除此之外，地方行政区域在层级、在权限上有所差异，地级市、副省级城市、直辖市所拥有的立法权限差别更大，在考虑指标体系设计时应充分考虑地方政府有无立法权限，以及立法权限大小问题，反映在指标体系的设计上也有所不同。在设计指标体系时或是解决指标体系的现实困境过程中，应考虑各地区的实际情况，突出地方法治发展的特色，加入地方的内容，有助于在各地区推行法治，有助于法治社会的构建，让法治观念深入人心。通过突出地方性特征，可以分析国家法治在开展法治评估活动的过程中，逐步下沉到各个地区，构建法治社会；通过地方性的法治评估活动，量化出法治在各个地方的融合水平。

二、加强顶层设计和突出地方特色

世界银行和世界正义工程对不同的国家进行评估，各个国家的法治水平差异远比中国更复杂。因此，对中国各地方进行评估完全可行。针对中国的法治发展现状，党的十九大报告作出了顶层设计，对于中国的国情，这样的战略规划完全可以作为设计法治评估指标体系的方向。法治评估指标体系的设计可以围绕《中共中央关于全面推进依法治国若干重大问题的决定》确定的总目标即建设中国特色社会主义法治体系进行设计。其包括贯彻中国特色社会主义法治理论、有力的法治保障体系、完备的法律规范体系、高效的法治实施体系、严密的法治监督体系，实现科学立法、公正司法、严格执法、全民守法。在设计指标体系时，遵循中央的指导性意见，确保全国法治建设有方向、有秩序的"一盘棋"式推进，确保国家法治的整体统一。加强顶层设计可以确保中央在保证国家法治统一中的权威作用，并对地方在法治建设的进程中进行宏观调控，中央要对地方进行全程把控，指导和推动地方法治评估指标体系的设计。与此同时，加强顶层设计可以做到在同一时间内各个地区测评指标的统一，防止不同区域不同的法治评估局面，有利于法治评估的整体推进。

在加强顶层设计的同时要突出地方特色，从实践入手思考地方法治发展和指标体系的制度前景。因为各个地区最直接与社会接触，直面社会上的风风雨雨，面对各类问题和矛盾。曹锦清甚为担忧，因为地方政权的生命力就在于嵌入社会之中。当前在各地兴起的法治评估指标体系实践就是一个典型的例子。各个地方处在不同的法治建设阶段，其法治发展状态不一，所面临的矛盾也大相径庭，这就需要在设计法治评估指标的时候突出地方特色，让指标充分评估各个地方的法治发展状况。因此，在贯彻党中央顶层设计的前提下，要充分发挥地方的创造力，鼓励地方政府根据具体情况，进行纠错式的探索，设计出符合实际情况的法治评估指标体系。

三、兼顾形式法治与实质法治

从法治的历史渊源上看，形式法治论与实质法治论并非理论的两极，两者是殊途同归的，对于法治的理解也有共通之处：一是对于共同权力的滥用进行法律的规制；二是以法律来保障人的私有权利充分地实现。关于法治的面向已经达成一定的共识，实质都指向对公权力的有力限制和对私权利的有效保障。从当下的语境来看，要把形式法治和实质法治有机结合起来，这不是要求面面俱到，而是有所侧重即要以实质法治为价值内核兼及形式法治的程序准备。形式法治可以更好的保持着法治的基本意蕴，为经济社会的发展预留空间，具有极大的包容性和开放性，因而更容易获得普遍的价值认同。而至于实质意义的法治的精髓，绘就法治的理想图景，为法治添加多种不同的价值及价值的组合。因而综合形式法治和实质法治是最为稳妥的路线，这也是地方法治评估指标设计的逻辑起点。

我们不能机械地把形式法治和实质法治简单相加，将形式法治看成是实质法治的前置阶段，实质法治是法治发展的终极目标。在法治评估兴起之时，法治理论的成熟是最为根本的条件，因而将形式法治和实质法治作为理论准备和逻辑起点，有其必要性和可行性。不仅要重视形式法治在程序上的努力，而且要把实质法治理念灌输进去，增强理论上的权威性并把人民群众对于法治的满意度提升上去。

在中国各地区的法治评估指标实践中，采用的是一种广义化的定义，不仅可以包含形式法治和实质法治的内容，而且结合中国的特色将原本不属于法治的内容纳入其中。在西方法治的成长路上，民主与法治分离，但在我国现阶段追求的法治，实际上是一套社会主义民主与社会主义法治高度结合的政治理念，许多地区设计的法治评估指标就体现这一特征，诸如，北京市法治评估指标中设有"民主政治建设"项，将很多有关民主的内容纳入其中。相比而言，将形式法治和实质法治纳入指标体系显得更加容易。世界法治指数在"厚法治"与"薄法治"之间的概念冲突中找到一种平衡，找到一种而这融合的契合点，这种方案最终获得了国际专家的一致赞同。

四、以法治社会作为制度导向

设立地方法治评估指标体系的基本目的在于评估当地的法治发展状况，勾勒出清晰的法治图谱，促进地方法治的发展，进而在全中国实现法治建设。法治国家建设的历史告诉我们：社会的存在是一个国家发展的基础，社会的性质深刻影响着国家的方方面面和发展轨迹；法治国家和政府的根本在于法治社会的构建；没有法治社会，法治国家和政府的大厦将难以稳固。可以说，法治社会在法治进程中居于基础性的地位。因此，要为法治国家和政府的构建奠定坚实的社会基础。假使地方法治评估指标体系在设计中以法治社会作为制度指向，本书以为能够更好的实现这一基本作用。地方法治建设的立足点在于法治社会，国家与地方是两个不同的层面，在法治进程中应该摒弃"一刀切"的方法，对法治建设不同的重点和任务进行分配，这也符合实质法治的要求。法治社会和地方法治建设都有着基层性、实践性强、自主性大的特点，而这都可以囊括在地方法治评估指标体系内。法治社会既然作为地方法治建设的着力点，并且法治评估指标体系作为评估地方法治建设状况而存在，如此一来，将法治社会作为法治评估指标体系的主要内容是其应有之义。此外，把法治社会作为地方法治评估指标体系的指向能够更好的实现法治的社会化，解决国家与社会的紧张关系。国家的法治化进程依托地方的法治化探索，然而，不论是国家以整体主义推进法治还是地方的法治化探索都没有很好的解决法治社会化问题，国家期待通过地方法治的建设能够承上启下解决国家与社会的内在矛盾。法治评估指标体系作为地方法治建设的内容之一，既是评估地方法治发展状况的指标，同时也能够对该地区的法治社会化建设提供指引，发挥引导作用。

法治社会是建设法治国家的条件。其一，法治社会的机能之一就是权利对权力的制约作用，社会具有监督国家的职能。法治社会在监督国家的过程中能够更好的保障人权，这一切都促成法治国家的形成。其二，法治社会能够表达社会的共同意志。法治社会的意义在于超越私人社会的局限，有专门的渠道表达社会的共同意志和维护公共利益，社会本身的民主化法治化更容易形成，积极参与国家政治和公共事务，提出政策倡议，并由此推进国家的民主建设。其三，法治社会具有消化矛盾纠纷的机能。法治社会中的团体能够利用约定俗成受到普遍遵守的乡规民约化解纠纷，让矛盾消弭于乡野。党的十九大报告在十八大报告"全面推进依法治国"的基础上，进一步要求"坚持全面依法治国"，这既表明了法治道路的长期性和艰巨性，也向全党迈入法治道路提出了更高的要求。坚持全面依法治国作为新时代坚持和发展中国特色社会主义的基本方略，不仅与其他13项基本方略一起推进新时代中国特色社会主义的伟大实践，而且全面依法治国的功能和作用也为其他基本方略提的实施提供了法治保障。

地方法治评估体系作为国家层次下的行政区域，在国家的统一领导，评估并指导本地区的法治建设。这不同于全球治理指数和世界治理指数采取价值性进路对于各个国家进行评估。因此，完全有理由培育法治社会，在指标的设计过程中加入法治社会的内容如非政府组织的建立和提高公众参与度，将法治社会作为地方法治评估指标体系的指向。

五、选取恰当的法治评估模式

针对法治评估活动官方主导的现象，不可否认政府在法治评估活动中的主导角色，这不仅符合当前中国的国情，而且可以发挥政府的制度性优势，充分凸显法治评估活动在法治发展过程中的作用。但是，浓厚的官方色彩很容易衍化为甚至是政府内部自评，致使失去其公信力，达不到所期望的效果。本书以为，应逐步过渡到官方指导和扶植、社会组织和公民有序参与的第三方评估模式。第三方评估是法治评估的发展路径之一，也是法治评估成为治理现代化增长点的要害所在。在现今条件下，中国缺乏权威的民间评估组织，民众参与国家治理和社会事务的素质还不够高，时机和条件皆不成熟，同时也受到经验和资金的限制，而政府在这方面有着巨大优势。相比而言，大学和科研机构担当第三方评估更为适宜，学者可以发挥牵引纽带作用，作为联结政府与公民的桥梁。余杭法治指数确切的说，其不属于第三方评估模式，因为余杭区委区政府拨专款支持并全程参与，其带有一定的官方色彩，但是在现今条件下，政府委托第三方进行评估具有其合理性和超前性，至于如何进一步完善第三方评估模式的各项内容还需多多商榷。论及于此，需要强调的是第三方评估模式的构建需要民间评估组织的参与，更具体的说是民众的有序参与，这正契合以法治社会作为制度导向问题。

现阶段中国各地方的法治评估指标体系主要由政府主导甚至直接

设计而成，这是在一定时期内法治建设阶段的产物。确切地说，中国大陆地区没有真正意义上的第三方评估模式。法治评估活动和政府公权力紧密结合，很容易被当作政府对民众的"作秀"，被当作官员追求个人仕途的政绩。从更广阔的视野来看，其发起者均为非官方主导的公益组织，如世界法治指数由世界正义项目设计和操作，作为非官方组织主导的法治评估活动其中立性大大增加了法治评估结果的可行性。世界正义项目召集2000余名法学家商讨法治评估指标的设计，褪去明显的官方色彩，其法治评估模式的中立性值得我国学习借鉴。当然，本书介绍并非要求东施效颦，而是要学习世界法治指数的中立性，在符合中国国情的条件下，构建行之有效的第三方评估模式，进而设计出中立的法治评估指标。

六、严格区分法治评估与政府部门工作考核

法治评估指标体系客体异化现象的出现可以说与当前如火如荼开展法治评估活动有关，全国各地开展此类活动令人目不暇接，如果不进行深入研究的探讨很难保证不陷入"公说公有理，婆说婆有理"的困境，致使认知法治评估活动的思路混乱，因为每一个指标体系都有其共性和差异。善法的制定是法治的首要步骤，立法项目的评估可以视为法治评估运动的重要内容；司法评估是法治进程中的核心内容，司法评估可以为法治评估实践提供第一手资料，它们都是法治评估的重要方面。有学者根据各地区指标体系出台的背景，将其分为三类：第一类是各地区结合自身实际情况自行探索设计适合自身的法治评估指标体系，如余杭法治指数；第二类是法治政府建设评估，一般都围绕着国务院相关文件设计

各项指标，偏向于内部评估。除此之外，第三类法治评估实践介于前面两者之间即"法治城市、法治县（市、区）创建考核评估"，普法办是此种类型的重要扮演着自上而下推行，各地方在与专家学者的努力下制定了相关的指标体系，立足于评估政府的工作。此三种类型划分，有一定的合理性，本书讨论偏向于第一种类型，其更接近于本书探讨的法治评估活动。

然而，这三种类型的划分似乎掩盖了法治评估指标体系客体异化现象。上文所述将法治评估划分为三种类型，这间接认可了这三种类型都是法治评估的内容。法治政府建设评估，政府居于主导地位，都围绕着国务院相关文件搭建指标体系，各地方在与专家学者的努力下设计本地区的法治评估指标体系，制定相关的考核指标，着眼于推动政府各部门的工作。从这一类表述来看，第二、三类更符合政府工作部门工作考核的标准，不完全符合法治评估的定义。法治评估是对该地区法治建设状况的评估，是系统性、全局性的评估，其评估的结果将对外公布，其着力点在于对该地区法治建设的推动，从这一方面来说，第一种类型更符合法治评估的要求。对于解决法治评估指标体系客体异化这一困境，需要明晰法治评估的定义，谨防把法治评估简单理解为法治工作绩效评估，剔除不属于法治评估的内容。通过对法治评估活动类型的探讨，就更容易理清所要设计的法治评估指标的思路。需要强调的是，在区分的基础上，在对法治评估指标的设计过程中，由于政府在法治评估活动中扮演的重要角色，指标体系的设计还是应该吸纳一部分政府工作部门工作考核的内容，但不是原封不动。细细比较世界法治指数与浙江余杭法治指数，余杭法治指数的9个一级指标几乎相差无几的照搬《中共杭州市余杭区委关于建设法治余杭的意见》九大"法治余杭"目标，并对区级机关的39个单位进行考评，很容易陷入政府工作部门工作考核的泥潭，造成自说自话的现象，而且余杭法治指数指标的设计相比世界法治指数没有三个关键的一级指标即有限政府权利指标、腐败遏制指标、基本权利指标。

参考文献

［1］ 何跃军. 社会治理创新地方样本法治化研究［M］. 北京：中国社
会科学出版社，2019.

［2］ 滕宏庆，张亮. 粤港澳大湾区的法治环境研究［M］. 广州：华南
理工大学出版社，2019.

［3］ 徐汉明. 国家与社会治理法治化［M］. 武汉：湖北人民出版社，
2019.

［4］ 王若磊. 国家治理法治化的实践逻辑［M］. 北京：法律出版社，
2019.

［5］ 周舟. 地方治理的黔西南实践［M］. 昆明：云南人民出版社，
2018.

［6］ 陈焱光，郑全新，张颖等. 法治城市研究［M］. 第二辑. 武汉：

武汉大学出版社，2018.

［7］ 关保英，吴明熠，解晋伟. 法治政府概论［M］. 北京：中国法制
出版社，2018.

［8］ 兰旸. 中国国家治理结构研究［M］. 北京：知识产权出版社，
2018.

［9］ 国务院发展研究中心公管所. 社会治理的理论与实践探索
［M］. 北京：中国发展出版社，2018.

［10］柴振国等. 地方法治建设的探索与创新［M］. 北京：中国检察出
版社，2017.

［11］秦德君. 公共决策的焦点：国家治理与地方治理［M］. 北京：中
国社会出版社，2017.

［12］杨雨. 法治建设研究［M］. 北京：北京理工大学出版社，2017.

［13］唐亚林，陈水生. 世界城市群与大都市治理［M］. 上海：上海人
民出版社，2017.

［14］云南省人民政府法制办公室. "十二五"云南法治政府建设评估
报告［M］. 昆明：云南大学出版社，2017.

［15］邓崧. 大数据时代的地方政府治理研究：数据开放、流程再造、
行政决策［M］. 昆明：云南大学出版社，2017.

［16］郭祎. 中国特色现代治理研究：兼评成都实践［M］. 成都：四川
大学出版社，2017.

［17］崔红. 地方治理法治化研究：规范立法和创新制度［M］. 北京：
知识产权出版社，2016.

［18］朱未易. 地方治理法治化的实践与路径研究：以城市管理执法体
制改革与地方公建项目运行机制为例［M］. 南京：东南大学出版

社，2016.

[19] 石佑启，朱最新. 软法治理、地方立法与行政法治研究[M]. 广州：广东教育出版社，2016.

[20] 吴康明，刘昌雄. 政府治理现代化与法治政府建设[M]. 北京：光明日报出版社，2016.

[21] 莫纪宏. 法治中国与制度建设[M]. 北京：方志出版社，2016.

[22] 朱新山. 基层政治与地方治理[M]. 上海：上海大学出版社，2016.

[23] 石佑启，朱最新. 区域法治与地方立法研究[M]. 广州：广东教育出版社，2015.

[24] 蔺丰奇. 地方政府治理问题研究：基于公共治理的视角[M]. 石家庄：河北科学技术出版社，2015.

[25] 肖金明. 社会治安综合治理法治研究[M]. 济南：山东大学出版社，2015.

[26] 覃蓝叶. 地方治理法治化视野下的立法现实问题研究[D]. 广西大学，2019.

[27] 向淼. 法治压力与地方政府回应——基于对浙江省"三改一拆"行政诉讼的经验研究[D]. 浙江大学，2019.

[28] 王秀才. 国家新型区域法治化研究[D]. 中南财经政法大学，2018.

[29] 杨柳. 我国地方政府治理能力现代化研究[D]. 湖北工业大学，2017.

[30] 闻倩. 地方自治视野下中央与地方关系法治化研究[D]. 辽宁大学，2017.

［31］赵月．转型期我国基层治理法治化的逻辑与路径研究［D］．齐齐哈尔大学，2016.

［32］邹毅．现阶段我国县域治理问题研究［D］．中共中央党校，2016.

［33］商李蕾．浙江省H市法治建设现状与对策研究［D］．华中师范大学，2016.

［34］杨妮．地方立法权主体扩容对地方治理现代化的影响之前展［D］．山东大学，2016.

［35］赵延聪．地方自治监督制度研究［D］．山东大学，2015.

［36］苟欢．政策工具视角下地方政府治理能力现代化研究［D］．西华师范大学，2015.

［37］彭清萍．我国地方治理中执政党权力实现方式的结构与功能［D］．山东大学，2015.

［38］关海棠．宪政架构下的地方分权研究：以地方自治为视角［D］．吉林大学，2013.

［39］仇淼．现代地方自治的比较法研究［D］．复旦大学，2013.

［40］王堃．地方治理法治化的困境、原则与进路［J］．政治与法律，2015（5）：68-77.

［41］刘云．地方治理法治化困境与路径［J］．人民论坛，2015（35）：116-118.

［42］吴午东．论平等原则对地方治理法治化的影响［J］．区域治理，2019（30）：127-129.

［43］孙雪．地方政府实现社会治理法治化的路径选择［J］．经营管理者，2015（33）．

［44］孙雪．地方政府实现社会治理法治化的路径选择[J]．经营管理者，2015（33）：350．

［45］鲁楠．世界法治指数的缘起与流变[J]．环球法律评论，2014（4）：118-133．

［46］封丽霞．法治与转变党的执政方式：理解中国特色社会主义法治的一条主线[J]．法制与社会发展，2015（5）：17-31．

［47］曹平，曹全来，苏嵘霞．当代中国地方治理法治化研究初步[J]．法制与经济，2015（7）：4-9．

［48］陈国华，黄竹胜．民族地方政府治理体系法治化建设的法理阐释[J]．社会科学家，2017（10）：68-71．

［49］葛洪义．中国的地方治理与法治发展[J]．政法论丛，2019（2）：3-13．

［50］徐娟．地方立法的治理功能及其有效发挥[J]．学术交流，2019（5）：74-82．

［51］武小龙，谭清美．城乡生态融合发展：从"策略式治理"到"法治化治理"[J]．经济体制改革，2018（05）：67-72．

［52］王堃．论我国地方治理的结构之优化[J]．湖南社会科学，2015（4）：109-112．

［53］焦石文．推进政府治理法治化须解决四大问题[J]．领导科学，2015（11）：22-23．

［54］马建新．基层治理法治化视野中的基层党组织建设[J]．中共太原市委党校学报，2016（4）：19-22．

［55］王文静．治理现代化背景下地方治理中的府际关系：历史沿革、突出问题与改革路径[J]．农村经济与科技，2018（11）：245-

247.

［56］陈春莲. 论社会治理法治化的现代意义［J］. 求知导刊，2017
（29）：37.

［57］吴东镐. 我国中央与地方关系的法治化议题［J］. 当代法学，2015
（4）：13-21.

［58］张振扬. 论政府治理法治化——以"权力清单制度"为例［J］. 重
庆交通大学学报（社会科学版），2015（1）：12-14.

［59］朱未易. 对中国地方纵横向关系法治化的研究［J］. 政治与法律，
2016（11）：72-82.

［60］刘华. 国家治理现代化视域下的中央与地方关系［J］. 江苏社会科
学，2017（2）：120-125.

［61］张紧跟. 治理体系现代化：地方政府创新的趋向［J］. 天津行政学
院学报，2016（3）3-10.

［62］李巍. 基层信访治理的法治化探究［J］. 山东警察学院学报，2016
（2）：50-56.

［63］徐邦友. 改革开放四十年来地方治理体系的现代嬗变——基于浙
江省地方治理实践的分析［J］. 治理研究，2018（3）：71-81.

［64］邱志强，金世斌，于水. 地方政府治理能力结构与提升路径
［J］. 发展研究，2015（6）：71-76.

［65］赵竹茵. 国家治理体系现代化的路径研究——以地方立法为切入
点［J］. 兰州学刊，2016（12）：152-158.

［66］于水，李波. 基层信访治理面临的挑战及其法治化研究［J］. 信访
与社会矛盾问题研究，2016（2）：30-40.

［67］陈林林，范佳洋. 法治与社会治理创新的理论与路径——"法治

与社会治理创新"学术研讨会综述 [J]．浙江社会科学，2015（12）：152-154.

［68］陈华．地方社会治理：演进逻辑、多重约束与实践创新 [J]．甘肃社会科学，2018，237（6）：195-202.

［69］葛洪义．地方治理与法治发展中的"社会" [J]．法治现代化研究，2018（6）：189-196.

［70］艾春香．地方政府治理能力现代化问题刍议 [J]．管理观察，2017（29）：31-33.

［71］陈鹏．社会治理创新的地方实践 [J]．新重庆，2016（2）：41-42.

［72］颜金，曹真．地方政府环境责任法治化建设研究 [J]．淮海工学院学报（人文社会科学版），2017（6）8-11.

［73］田洋洋．权力清单制度对政府治理能力现代化的功能研究 [J]．东南大学学报（哲学社会科学版），2017（A1）：11-14.

［74］方晓霞．地方政府治理现代化的产生原因，含义，特征及实现途径 [J]．速读（下旬），2016（8）：56.

［75］蒙晓旺．当前我国法治治理的主体间性及其实现路径研究 [J]．齐齐哈尔大学学报（哲学社会科学版），2015（8）：36-39.

［76］徐清飞．地方治理中的权力真空及其防范 [J]．法学，2015（3）：76-83.

［77］胡妮，许伟，马学锋．推进基层治理法治化的有效路径 [J]．中共山西省委党校学报，2016（1）：74-77.

［78］张玉磊．新型城镇化的法治视角：从政策之治到法治之治 [J]．长白学刊，2016（3）：56-62.

［79］唐寿东，孙英. 全面依法治国视域下基层治理法治化研究［J］. 天津行政学院学报，2017（5）：39-47.

［80］陈干全. 深改背景下的地方政府治理创新［J］. 领导科学，2015（5）：21.

［81］高松林，范卫国. 从改革引擎到规范对象：地方政府规范性文件的法治化路径［J］. 重庆工商大学学报（社会科学版），2015（62）：71-77.

［82］邱春林. 农村治理法治化的实现路径［J］. 中国国情国力，2015（4）：18-19.

［83］刘旺洪，张春莉. 论国家治理法治化的路径探析［J］. 南京社会科学，2015（12）：78-82，104.

［84］宋方青. 社区治理：在硬法与软法之间［J］. 现代法治研究，2016（1）：36-38.

［85］肖冲. 地方立法权限问题研究［J］. 哈尔滨师范大学社会科学学报，2019（4）43-47.

［86］汪哲，魏凌雪. 论法院如何参与中央及地方治理［J］. 法律适用，2016（7）：112-116.

［87］胡春莲. 基层社会治理法治化调研与对策［J］. 城市管理与科技，2019，21（3）：52-55.

［88］廉霄. 依靠法治加强农村社会治安综合治理［J］. 人民论坛，2018（28）：62-63.

［89］孙肖远. 城市基层治理法治化的实现路径［J］. 唯实，2019（3）：70-72.

［90］贾德荣. 社会治理法治化的实践路径探析［J］. 辽宁行政学院学

报，2019（4）：66-69.

[91] 周悦丽，岳琨，金若山．党建引领下的基层治理法治化[J]．前线，2019（1）：56-58.

[92] 夏露．治理创新与地方法治建设[J]．湖北工业大学学报，2019（3）：21-24.

[93] 鞠成伟．论中国共产党治理的法治化[J]．当代世界与社会主义，2017（1）：33-40.

[94] 倪翠兰．"治理能力现代化"改革目标下地方政府执政理念的创新[J]．改革与开放，2015（15）：1-2，8.

[95] 侯云锦．地方法治建设问题研究[J]．法制博览，2018（29）：116.

[96] 王晨，吴姜静．关于基层治理法治化的研究评述[J]．法制博览，2018（7）：38-39.